20 世纪中国图书馆学文库·71

儿童图书馆学

孟绂 沈岩 编著

國家圖書館出版社

本书据天津人民出版社 1991 年 2 月第 1 版排印

前　言

　　展现在我面前的是儿童图书馆系列教材之一《儿童图书馆学》，非常感谢主编孟绂同志寄来清样，使我先睹为快。我衷心祝贺这套系列教材的出版，并翘首以盼早日出齐。目前我国已先后出版了图书馆学专业本科、函授、电大、中专教材，儿童图书馆学系列教材尚属空白。这套教材的出版将弥补这一空白，这是图书馆学界和儿童图书馆界一大喜讯。

　　系列教材由《儿童图书馆学》、《儿童图书馆目录》、《儿童图书馆藏书》、《儿童图书馆读者工作》、《儿童图书馆图书分类》、《儿童阅读心理》等组成，预计三年内陆续问世，今年先出版《儿童图书馆学》、《儿童图书馆目录》，今后将视需要编写出版其他教材。

　　这套儿童图书馆系列教材有如下特色：

　　一、重视吸收学术界新成就，观点较新。例如《儿童图书馆学》就力图运用系统论的观点和方法来观察和研究儿童图书馆事业及其运动规律，并对儿童图书馆网、儿童图书馆科学管理等进行了系统的论述。

　　二、反映儿童图书馆的特点，针对性强。过去的图书馆学专业教材对儿童图书馆研究、论述甚少。儿童图书馆的对象是正在成长中的少年儿童，儿童图书馆除具有图书馆的共性外，还有其自身的特殊性。如儿童图书馆目录需生动形象，引人入胜；选购图书要注重思想性、科学性、知识性，还需考虑年龄特征、可接受性、图文并茂、饶有兴味、深入浅出等;对少年儿童读者特别需要加强阅读指导及如何利用图书馆的指导等等。这套系列教材较充分地反映了这些特点。

三、理论联系实际,实用性较强。儿童图书馆馆藏少儿读物、低幼读物集中,并藏有一定数量的连环图画。运用《中国图书馆图书分类法》(简称《中图法》)类分图书存在一定问题,这次《儿童图书馆图书分类》教材的编写将根据《中图法儿童图书馆版》的编制工作结合进行,会更符合儿童图书馆实际,增强实用性。

四、增设新学科,加强科学性。系列教材增设《儿童阅读心理》,很有必要。儿童图书馆需要对少年儿童进行大量阅读指导工作,研究儿童阅读心理,可使阅读指导工作更好地考虑少年儿童阅读心理特征,使指导工作更科学化,有利少年儿童健康成长。

十一届三中全会以来我国儿童图书馆事业有了很大的发展,当前需要有一段时间巩固与提高,其关键在于提高儿童图书馆队伍素质和科学管理水平,培训干部是当务之急,既可促进儿童图书馆的巩固、提高,又可为今后的发展准备条件。有识之士如王辛、铁铮、孟绂、高欣祯等同志有鉴于此,编写这套系列教材,做了一项极有意义的工作。我深信这套教材必将为进一步提高培训水平,提高儿童图书馆人员素质和管理水平作出自己的贡献!

罗友松

1990. 4. 25

目　　录

第一章　儿童图书馆学

　　儿童图书馆学是二十世纪初叶图书馆学高度发展之际派生出来的一门崭新、活泼然而却又被人们忽视冷淡、至今才有所重视的学科。由于它诞生的时代正是人类以实物为中心的科学思维进化到以系统为中心的伟大时代，所以，如何用系统的方法来观察与研究儿童图书馆事业，并发现其运动规律，便令人感兴趣地成为儿童图书馆学的主要内容和任务了。

第一节　儿童图书馆学的概念

　　儿童图书馆学的概念是什么？这是我们展开这门学科研究前首当其冲要搞清楚的问题。

　　马克思主义哲学告诉我们，客观世界上的万事万物都不是孤立的、静止的。它们之间通过物质、信息和能量的交换，互相联结、互为影响，相辅相成地组成了一个个事物系统。而组成的这些事物系统，一方面各自具有着不同的功能，保持其明显的独立性；另一方面，它们之间又通过物质、信息和能量的新形式的交换，互依互存，形成更加繁复的事物系统。如此枝生繁衍，各类事物系统紧密地层层联系在一起，组成了世界。所以，我们儿童图书馆的研究者，也应当用以系统为中心的科学思维方法，去研究和认识儿童图书馆这个客观新事物。

依照马克思主义认识客观世界的方法,我们认为:儿童图书馆学就是研究儿童图书馆系统及其运动规律和相关因素的一门学科。具体地讲,儿童图书馆学即研究儿童图书馆这一系统中的各组成要素,各要素间联系和本系统运动规律及其与之发生关系的诸因素的一门学科。

"儿童图书馆学"的概念十分清晰地确定了这门科学的主要研究对象是儿童图书馆系统。在展开分析之前,为了能够透彻地理解儿童图书馆学的概念,我们应该先把概念所涉及的一些基础知识明确下来。

一、什么是系统

系统科学认为,客观世界皆系统。小到一个生物细胞、一个基本粒子,大到整个地球、整个宇宙,我们都可以称之为系统。儿童图书馆作为一个客观事物,它自身无疑亦是一个系统。

为了形象地说明"系统"的概念,人们曾举渔网捕鱼为例,用一张密密麻麻的渔网是可以在大海中捕获到许多鱼的。但如果有人只用渔网中的一个网眼去捕鱼,其结果则一定是徒劳无益的。可见,网眼虽然能够组成一张网,但它却不能等于一张网。网的功能虽是网眼所不能比及的,然而它若失去这些网眼的联结组合,也就不成其为一张网了。于是,我们把每个网眼称之为网的要素,将这些网眼联结组合成的网称之为"网眼"的系统。但是,如何为"系统"总结出一个准确的定义,却使各国科学家颇费思虑。例如:

一般系统论的创始人、美籍奥地利学者冯·贝塔朗菲(Berta-lamffy, L. V.)认为:"系统可定义为相互作用的诸要素的复合体";

苏联学者乌耶莫夫认为:系统是客体具有的"那么一种满足

2

预先确定的性质的关系";

美国学者阿柯夫认为:"系统是由两个或两个以上相互联系的任何种类的要素所构成的集合";

韦氏大辞典将"系统"一词解释作:"有组织的或被组织化的整体";

日本 JIS 工业标准定义"系统"为:"许多要素保持有机秩序,向同一目的行动的东西";

我国著名学者钱学森则综合各家观点之长,把"系统"的概念诠释为:"由相互作用和相互联系的若干组成部分结合而成的、具有特定功能的整体。"

根据钱学森先生为"系统"一词总结概念,我们可以认为,世界上的万事万物普遍具备这样几种性质:(一)它是由两个或两个以上的要素按照一定的组合方式组成的。这里所说的"要素"也可称之为元素,它可以是一个单个的事物,也可以是一个自身又由若干事物组成的小系统;(二)组成它的各个要素之间都是互相联系、互相制约的;(三)它具有其组成部分所不具备的、自己特定的性质、功能和运动方式;(四)它能与自己所存在的周围环境不断地进行物质、能量或信息的交换;(五)它不但自身是由若干要素组成的,而且它同时又是较之于更大事物的一个要素。当一个事物具备上述五种性质时,我们即可以称它为"系统"。

系统的种类很多,如自然系统和人工系统,实体系统和概念系统,动态系统和静态系统,开放系统和封闭系统,控制系统和行为系统,线性系统和非线性系统等等。我们现在介绍几种与本章有关的系统类型。

(一)人工系统。所谓人工系统,是指为达到一定目的而通过人为建立起来的系统。例如:生产系统、科研系统、文化系统、教育系统、军事系统等,它们的建立均具有相当明确的目的性,是符合社会特定需求的。

（二）动态系统。它是随着时间的变化而产生状态变化的系统。例如：在不同的时代，社会有不同的文化、教育系统；再如各门科学，其学科内容将随着时间的推移而不断地产生变化，更新自己的系统。

（三）开放系统。指的是要不断地同外界环境进行物质、能量和信息交换的系统。例如一个人、一座城市、一个国家都属于开放系统，它们不同外界进行物质、能量或信息的交换，就难维持自己的生存与发展。

尽管系统的种类繁杂，但其基本结构却大致相同，都是由输入、存贮（或称记忆、保留等）、控制（或称管理等）、处理（或称作业等）、输出五个部分组成。

二、什么是儿童图书馆系统

儿童图书馆系统的概念有狭义和广义两种。狭义的儿童图书馆系统指的是：以个体为单位的儿童图书馆及其相关的诸因素；广义的儿童图书馆系统指各类型儿童图书馆有秩序地组成的群体，即儿童图书馆事业及其相关的诸因素。如图所示：

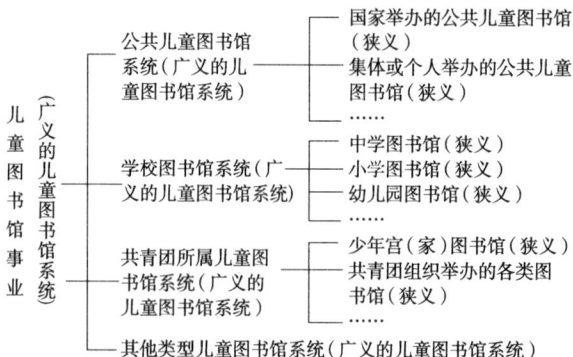

由此看来，儿童图书馆学的研究对象既包括狭义的儿童图书馆系统，也包括广义的儿童图书馆系统，二者在儿童图书馆学的研

究中缺一不可。究其原因,主要在于广义的儿童图书馆系统是由各类型狭义的儿童图书馆系统所组成的,亦即各类型狭义的儿童图书馆系统就是广义的儿童图书馆系统的子系统。

系统的基本性质告诉我们:系统不但是由两个以上的要素(子系统)组成的,而且这些组成要素(子系统)之间都是相互联系、相互制约的,如果其中任何一个要素(子系统)的运动发生了质的变化,那么不仅要影响其他各要素(子系统),甚至会导致整个系统质的变化。因此广义的儿童图书馆系统与狭义的儿童图书馆系统间的关系就犹如人的整个身体与其组成器官之间的关系一样。如果我们只研究人体的某一部分,那么,我们只能明确其某个器官的功能,却很难了解整个身体的功能;若是我们单纯地去研究整个身体的功能,也难于了解其它各个器官的独特功能。然而,当人身体的某一器官发生了病变,则会导致整个肌体的损失,而整个肌体受到外来刺激时,亦会迅速传导给相应的身体器官,使其产生必然的反应。所以说,我们要想真正地将人的整个身体这一系统研究透彻,就必须既要研究它整体的机制,又要研究它的不可分割的各组成要素,即身体的各个器官,这样,我们的研究才有可能是全面的、科学的。

总之,局部的功能、性质代替不了整体的功能、性质;整体的功能、性质同样不能等于局部功能、性质的迭加。这样一个简单的、辩证的系统关系,也是我们儿童图书馆学在研究中必须将广义的儿童图书馆系统(儿童图书馆事业)和狭义的儿童图书馆系统(儿童图书馆)兼列为研究对象的根本原因。

儿童图书馆系统是人类社会因其发展的需要,而通过人为建立的。因此,从系统的目的性角度来划分,它应属于人工系统类型;同时它又因时间的推移,而不断地进步、发展,所以,从物体的运动态角度来划分,它又归属于动态系统类型;此外,它的存在、发展还要求不间断地与外界进行物质、信息、功能的交换,故而从物体间关联程度上划分,它也属开放系统类型。

三、儿童图书馆学

本章开篇便明确了儿童图书馆学的定义:它是研究儿童图书馆系统及其运动规律和相关因素的一门学科。通过前两个部分的探讨,现在我们已经能够掌握概念中"儿童图书馆系统"一词的定义了。下面,我们再对概念中"相关因素"进行一下分析。

大家知道,儿童图书馆系统是一个人工的、开放的、动态的、客观实在的事物,它为了求得生存和发展,就必须与它存在的客观环境进行连续不断的物质、能量或信息的交换。这就如同人不呼吸难以维持生命的道理一样,儿童图书馆系统也要不断地向外界索取它所需要的物质、能量或信息,同时又将自己产生的物质、能量或信息输送出去,以完成它"生命"的大循环。北京大学图书馆学教授吴慰慈先生曾在他编著的《图书馆学概论》中,将图书馆系统的这种"生命"大循环,总结为"依辅性"。实际上,他所讲的依辅性中的依附性,即指图书馆系统对于其存在环境的物质、能量或信息的索取,没有这种索取(或解释为对社会的依附),图书馆系统显然很难生存。但图书馆系统如果对社会只求索取,而毫无奉献,也就是说,对社会不具备其存在价值,社会当然也就不允许它继续存在。因此,吴慰慈先生又在依辅性中特别强调了图书馆系统对社会的辅助性,即图书馆系统也要具备将自己产生的能量、物质或信息奉献给社会的功利目的。

儿童图书馆学概念里所说的:"相关因素",指的就是儿童图书馆系统在完成向社会索取并奉献的运动过程中,必然与社会诸多有关方面的接触。这些多层次、多方面的接触,都会在不同程度上影响儿童图书馆系统。但是,如此众多层次、众多方面的社会影响,对儿童图书馆系统并非完全是有益的,我们需要通过研究或肯定、接受,或筛除、排斥。因此,儿童图书馆系统在其运动过程中的诸多相关因素,也应列入到儿童图书馆学的研究对象中来。

现在,我们在本章第一节的研讨基础上,再来完整地认识儿童图书馆学的概念就有一定的条件了。解剖儿童图书馆学的概念:"它是研究儿童图书馆系统及其运动规律和相关因素的一门学科",即应理解为:它是研究儿童图书馆系统接受物质、能量或信息并加以变换,产生另一种形态的物质、能量或信息的运动过程规律以及它在这种运动过程中诸多因素关系的一门学科。

第二节　儿童图书馆学的性质和内容

一、儿童图书馆学的性质

学科的性质问题,实际上是学科的科学分类问题。从古到今,东西方的学者,如亚里士多德、圣西门、培根、孔德等人都对科学的分类问题发表过不同的见解。无产阶级伟大的革命导师恩格斯在分析和概括了这些研究成果的基础之上,运用辩证唯物主义的世界观和方法论,提出了按物质不同运动形式,即从其低级到高级的顺序和发展阶段,将各种科学对象划分为机械的、物理的、化学的、生物的和社会的五种形式。随着现代科学技术的发展和科学技术体系的不断丰富,我国著名科学家钱学森同志以马克思主义哲学为指导思想,提出了现代科学技术的"四层次,六部门"的科学体系建立原则。根据他的这一原则,现代科学技术划分为四个层次和六个部门。

这四个层次是:

马列主义哲学;

基础科学;

技术科学;

工程技术。

六个部门是：

自然科学；

社会科学；

数学；

系统科学；

思维科学；

人体科学。

钱氏的这种科学分类思想，不仅克服了过去那种以对象领域为标准（即在哲学基础上将科学分为两大部门，一是自然科学，一是社会科学）的严重缺欠，较完美地反映了现代科学的新体系，同时，也为我们进一步研究图书馆学，乃至儿童图书馆学的性质指明了方向。

当前，对儿童图书馆学性质的认识，如图书情报界对图书馆学性质的认识一样，是有一定争议的。有的观点认为，它横跨于社会与自然科学之间，是综合性科学；有的观点认为，从其研究内容与作用上看，它应属于应用科学或方法科学、管理科学等；还有的观点（也是具有普遍性的观点）认为，从其研究对象出发，它只能属于社会科学。我们认为，站在客观的立场上，实事求是地认识儿童图书馆学的性质，它应属于社会科学范畴。其原因是：

（一）从广义的儿童图书馆学研究对象来说，儿童图书馆事业是在人类社会特定需要的前提下，通过人为建立起来的事物系统。

有的人认为，图书馆是与人类社会同时发生、同步发展的。这种提法尚欠准确。因为，图书馆的产生原因主要在于人类不满足信息直接交流的局限性，而发明了文字和文献来突破其制约，并在实现记忆存贮的前提条件下产生的。正如一些图书馆史研究者总结的那样：图书馆的产生，是人类文明发展到一定程度的结果，它标志着人类的进步。它自诞生伊始，就与人类的文明紧紧地联系在一起。因此,儿童图书馆系统的运动必然属于社会运动的一种形式和表现,它反映的乃是人类之间、人类与社会之间的关系。而社会科学则正是从人类社会发展这一着眼点和角度去研究客观世界的。所以,儿童图书馆学应属社会科学范畴。

(二)从狭义的儿童图书馆学研究对象来说,具体到某一种类型的儿童图书馆,它的各个组成部分(各工作环节、联系)及其相关因素(文献、信息、知识等),我们虽然要移植多种学科,如教育学、心理学、管理学、物理学、数学、社会学等等来进行研究,但其研究主线仍然是儿童图书馆这个人工系统的运动规律,即儿童图书馆的社会运动规律。偏离了这个研究主线,即或我们对儿童图书馆某个工作环节研究得十分精彩,但患其不能为发挥整个儿童图书馆系统的功能服务,那也是无可赞誉的。

需要在这里特别指出的是,为了丰富本学科的研究领域,儿童图书馆学势必会与其他学科,例如:儿童心理学、儿童教育学、建筑学等,交叉渗透形成"儿童阅读心理学"、"儿童阅读教育学"、"儿童图书馆建筑学"等新的边缘学科,我们不能据此便将这些新边缘学科中的某学科的综合性质视为儿童图书馆学的综合性质,概念的偷换与错认虽可能会造成一个时期的误解,但儿童图书馆学终归是、也只可能是社会科学。

二、儿童图书馆学的内容

儿童图书馆学是图书馆学这个大系统中的一个专门的分支学科。因此,它不仅与专业图书馆学、学校图书馆学等专门分支学科一样,具有图书馆学研究内容的共性,并且还具有着自己极为明显的个性。儿童图书馆的个性,决定了它在图书馆学研究大家庭里的一席之地。在国外一些图书馆事业先进的国家中,儿童图书馆学产生于本世纪初,而我国,真正将它以一门学科来对待,还只是近十年的事情。所以,儿童图书馆学的研究内容,在其研究对象的直接制约下,对于有些方面我们或由于研究时间太短浅,涉及甚微;或由于对相关学科把握欠妥而尚在外围徘徊,未能全面、系统地铺开,占据它们。

总结当前国内外儿童图书馆学的研究内容,我们认为它可以分为两大部分:儿童图书馆学的基础理论研究部分和应用技术研究部分。

儿童图书馆学的基础理论研究,系指对儿童图书馆事业、儿童图书馆的属性、运动规律、系统间复杂关系及系统结构、功能等方面基本原理的研究。

儿童图书馆学的基础理论研究内容包括:

(一)儿童图书馆学的原理。即研究儿童图书馆学的对象、学科性质、任务、体系、研究方法、理论基础和相关学科等。

(二)儿童图书馆学发展史。即研究儿童图书馆学的发生和发展规律。

(三)儿童图书馆学教育。即研究儿童图书馆学的教育的体制和内容。

(四)儿童图书馆事业建设。即研究儿童图书馆事业系统的组织原理及这个系统的管理体制及其它对社会的适应性等。

(五)儿童图书馆网的理论。即研究儿童图书馆网络系统的建设原理、功能及其发展等。

(六)儿童图书馆发展史。即研究儿童图书馆的发生和发展规律及其教训等。

(七)儿童图书馆的性质、方针及其社会职能。即研究儿童图书馆的属性、方针、任务及不同类型儿童图书馆的不同功能等等。

(八)儿童图书馆的未来。即通过科学研究,预测儿童图书馆未来的性质、方针、任务、社会功能等方面的发展变化。

(九)儿童文献资料发展史。即研究儿童文献资料的发生发展及其规律等。

儿童图书馆学的应用技术研究,系指对儿童图书馆工作体系各组成要素的工作秩序、方法、技术及其相关诸因素的技术理论研究。

儿童图书馆的应用技术研究内容包括:

(一)儿童图书馆的文献资料采访。即研究儿童图书馆"采"、"访"文献资料这两项基础工作的原则、技术方法、联系环节和登记制度等。

(二)儿童图书馆的文献资料分类与编目。即研究各类型入藏的文献资料分类理论与方法及其著录的原则、方法和目录种类、体系与组织等。

(三)儿童图书馆的典藏。即研究儿童图书馆馆藏文献体系的结构、特征、划分、组织、保存和清点等。

(四)儿童图书馆的读者服务(包括读者划分及其心理研究)。即研究儿童图书馆各类型读者的划分、阅读心理及服务方式、方法、原则等。

(五)儿童图书馆教育。即研究儿童图书馆对其广大读者施加图书馆教育的方法、内容等。

(六)儿童图书馆的业务研究与辅导。即研究儿童图书馆的业务研究工作与业务辅导工作的方法、技术、内容及其原则、计划等。

(七)儿童图书馆的建筑与设备。即研究儿童图书馆的馆舍建筑、各种设备的设计、安装与需求等。

(八)儿童图书馆的科学管理。即研究对儿童图书馆这一运动系统的管理内容、管理方法及其管理职能等。

(九)儿童读物。即研究儿童读物类型、体裁、划分、内容及编写、出版、发行规律等。

关于儿童图书馆学,按其研究内容性质划分的基础理论与应用技术两部分,我们下面再利用图表来加以表示(见下页表)。

```
                          ┌─ 儿童图书馆学的原理
                          ├─ 儿童图书馆学发展史
                          ├─ 儿童图书馆学教育
                          ├─ 儿童图书馆事业建设
         基础理论部分 ─────┤─ 儿童图书馆网的理论
                          ├─ 儿童图书馆发展史
                          ├─ 儿童图书馆的性质、方针及其社会职能
                          ├─ 儿童图书馆的未来
儿                        └─ 儿童文献资料发展史
童
图                        ┌─ 儿童图书馆的文献资料采访
书 ─┤                     ├─ 儿童图书馆的文献资料分类与编目
馆                        ├─ 儿童图书馆的典藏
学                        ├─ 儿童图书馆的读者服务
         应用技术部分 ─────┤─ 儿童图书馆教育
                          ├─ 儿童图书馆的业务研究与辅导
                          ├─ 儿童图书馆的建筑与设备
                          ├─ 儿童图书馆的科学管理
                          └─ 儿童读物
```

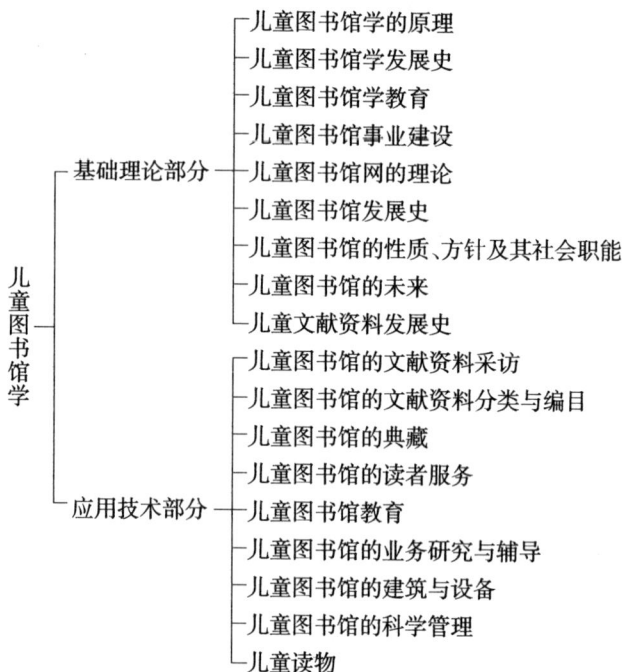

通过图表,我们可以更清楚地看出,儿童图书馆学作为图书馆学的一个分支学科,它既是图书馆学这个大系统中的一个子系统,同时,它本身亦自成系统。在这个系统中,包括基础理论和应用技术两个一级子系统和若干个二、三级子系统。很明显,儿童图书馆学研究无论分成多少个层次,多少个方面,其研究方向却十分集中,即它是研究儿童图书馆事业和儿童图书馆及其与之发生有机联系各类因素的一门学科。

第三节 儿童图书馆学的相关学科

科学学的创始人贝尔纳（J. D. Bernal）曾对近、现代科学技术高度发展而致使各学科之间相互交叉、渗透的状态，做出了形象的比喻："科学上的一般发展模式是相当明确的，与其说它像一棵树，不如说它更像网。"既然这科学体系有如一张网，那么，学科与学科之间则自然地联结成为互依互存的关系，其中任何一门学科无法、也不能够单独、孤立地存在于这个体系之外。于是，我们把与儿童图书馆学有所关联的学科，就称之儿童图书馆学的相关学科。

吴慰慈先生在他所著的《图书馆学概论》一书中，将图书馆学的相关学科按其关联性质做了如下划分：

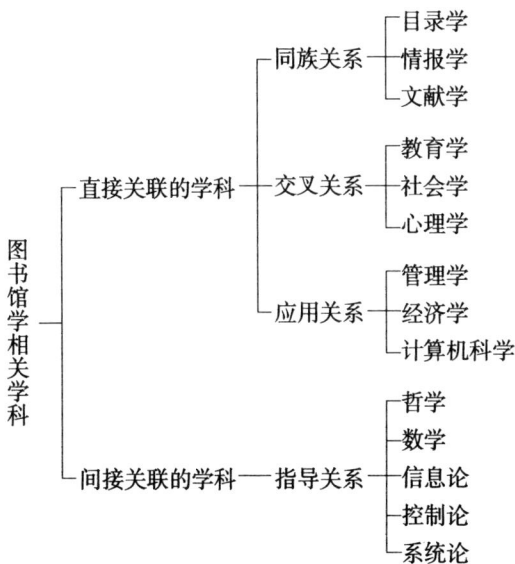

```
                                    ┌ 目录学
                        ┌ 同族关系 ─┼ 情报学
                        │           └ 文献学
                        │
                        │           ┌ 教育学
          ┌ 直接关联的学科┼ 交叉关系 ─┼ 社会学
          │             │           └ 心理学
图书馆     │             │           ┌ 管理学
馆学 ─────┤             └ 应用关系 ─┼ 经济学
相关       │                         └ 计算机科学
学科       │                         ┌ 哲学
          │                         │ 数学
          └ 间接关联的学科─ 指导关系 ─┼ 信息论
                                    │ 控制论
                                    └ 系统论
```

其中,所谓与图书馆学直接关联的学科,指的是同属一部类或者是平行的、与图书馆学的关系密切相关的学科;所谓间接关联的学科,却大都与图书馆既不属同一部类、同一层次,而又对图书馆学具有指导作用的学科。下面,我们便以此认识为基础,分析一下与儿童图书馆学相关的主要学科。

一、儿童图书馆学与文献学的关系

我们要搞清楚儿童图书馆学与文献学的关系,就要先明确什么是文献学;但要搞清楚什么是文献学,又要先明确什么是文献。现在,我们便首先来探讨一下什么是文献。

文献一词,原指典籍与宿贤。它最早见于《论语·八佾》:"夏礼吾能言之,杞不足徵也;殷礼吾能言之,宋不足徵也;文献不足故也。足,则吾能征之矣。"朱熹注:"文,典籍也;献,贤也。"尔后,文献一词含意有所扩大:为凡有历史价值的图书文物的统称,《元诗选》中,杨维桢在《送僧归日本》一诗内曰:"我教东夸访文献,归来中土校全经。"现今的文献一词,则含义更加丰富,它指的是"记录有信息和知识的一切载体。"文献的现代定义里特别指出"信息"、"知识"和"载体"这三个关键的词,因此,还需我们来进一步认识它们。

人类文明史告诉我们,人类社会发展到今天,已经历了四次信息大革命:第一次是语言革命;第二次是文字革命;第三次是印刷革命;第四次即当今电信、电话、电视等与计算机连结起来的计算机通信革命。由此可见,信息是人类赖以生存的至关重要的基本条件之一,它不仅活跃在我们的日常生活之中,也活跃在各个科学研究领域之内。正如美国学者谢拉(J. H. Shera)所指出的,就是我们图书馆学也"已经从书籍的世界发展到了信息的世界"。

究竟什么是信息呢? 我们能够给它总结出一个"科学"的概念来吗? 国内外学者对此诸家纷纭,其说不一。

第二章　我国儿童图书馆学发展概述

第一节　我国儿童图书馆学的发生

我们儿童图书馆学的发生、发展与它的母体——图书馆学研究的进展是决然分不开的。可以这样说,我国图书馆学的总体研究就是儿童图书馆学植根的土壤与养分的供给基础。故此,在我们研究我国儿童图书馆学的发生、发展过程之先,有必要将我国图书馆学的发展情况简明地介绍给大家。

"图书馆学"这一概念最早出现于十九世纪初。自从一八○七年德国著名的图书馆学家施莱廷格(Marth Wilihaid Xchrettinger)首次提出"图书馆学"这一概念,图书馆学便作为一门独立的学科,率先在欧洲大陆得以发展,并逐步传遍世界各地。在这漫长的发展历史过程中,作为图书馆学创始人的施莱廷格,通过多年的图书馆工作实践,逐步形成了自己对图书馆本质的认识,他认为,图书馆要"将收集的相当数量的图书加以整理,并根据求知者的多种要求,尽快地提供他们利用。"基于这种认识,一八一○年施莱廷格在其编撰的《试用图书馆教科书大全》中,将图书馆学定义为"符合图书馆目的的整理方面所必要的一切命题的总体。"之后,一八三四年在其出版的另一部著作《图书馆总览》中,又进一步对此定义加以引申,认为"所谓图书馆学,是在正确原则之下,系统地确立符合图书馆目的的整理所必要的原理。"很显然,他是从图书馆藏书整理的角度来考察图书馆学的,他的这一理论被后人称之为图书"整理论"。

施莱廷格把图书馆学的研究对象限定在"整理"方面的理论,一开始就受到了他同时代人、年轻的德国图书馆学家艾伯特(F. A. Bert)的批评,他认为把图书馆学的范围限定在图书整理上不合乎图书馆工作的实际,图书馆收藏的文献涉及各个知识领域,故而图书馆员应具备相应的知识。他不仅提出了图书馆员改革意见,而且从理论上强调图书馆员的教育和进修问题的必要性及重要性,并在一八二〇年撰写的《图书馆员教育》一书中,提出了图书馆员"知识论"。即"图书馆员执行图书馆工作任务所需要的一切知识和技巧的总和"是图书馆学的主体内容,他强调指出,图书馆员"必须具备渊博的知识,通晓各国文字,深入掌握有关书志学、文学史、古文书、写本等方面的知识"。艾伯特的理论很快得到丹麦图书馆学家默贝尔希(Chnistian Molkeeh)的首肯与支持,并在其论著《论公共图书馆》一书中,对艾伯特的图书馆学理论加以系统化,形成艾伯特—默贝尔希的图书馆学"知识论"体系。

把图书馆学概括为图书馆管理学思想的是法国的图书馆学家海斯(L. A. Chesse)。他认为图书馆学的宗旨在于最有效地解决管理问题。因此,他将管理学视为图书馆学的核心,并以此形成了一套比较系统的图书馆管理学理论。

上述诸专家学派观点都曾对早期的西方图书馆学产生过巨大的影响。它们试图从不同的角度来说明图书馆学的研究对象问题,尽管这些理论阐述均带有极大的片面性,但是却在很大程度上标志着西方早期图书馆学的研究水平。十九世纪后半期,美国图书馆学家杜威创办了图书馆学院,至此,图书馆学才成为一门独立的学科,确立了它在世界科学之林中应有的地位。

由于中西方文化的差异,以及中国古代图书馆学长期以来只停留在对经验的描述上,尚缺乏完整、严密的理论体系的缘故,因此,中国近代图书馆学比西方图书馆学起步较晚,它基本上是在二十世纪初开始形成的。

十九世纪末,中国发生了一场以学习西方、科学救国为目的的资产阶级改良运动。作为这场运动的领导者康有为、梁启超等,他们在积极设学会、办学堂、开报馆的同时,亦非常注重学习西方资产阶级图书馆的管理方法,他们认为图书馆是传播新思想新知识,改变旧有风气的重要场所。于是,康、梁为首的改良派在中国掀起了兴办公共图书馆的运动。从一九〇二年至一九一一年辛亥革命前夕,我国十八个行省中除江西、四川、新疆三省外,均设立了省级公共图书馆,至此,中国近代图书馆事业有了进一步的发展。这些客观条件的改变及对理论指导的迫切需求,很自然地促进了我国图书馆学的理论研究工作。中国图书馆工作者在广泛的图书馆实践活动中,逐步认识了近代图书馆学,并开始了具有自己特色的一整套理论研究工作。

当时众多的图书馆学者中,杜定友、刘国钧两位先生的研究成果是最引人注目的。

一九二七年杜定友在《图书馆学概论》一书中首次提出:"图书馆的设立,有三大要素,(一)要能够积极的保存。(二)要有科学的方法,以处理之。(三)要能够活用图书馆,以增进人民的知识和修养。"随后他又在《图书馆管理法上之新观点》一文中进一步重申:"整个图书馆事业,其理论基础实可称为'三位一体'。三位者,一为'书',包括图与书等一切文化记载;次为'人',即阅览者;三为'法',图书馆之一切设备及管理方法、管理人才是也。三者相合,乃成整个之图书馆。"他的这一观点即为后人所称的图书馆"三要素"说。

杜定友"三要素"理论得到了刘国钧的赞同,并在其出版的《图书馆学要旨》一书中,将图书馆的设备纳入图书馆学的研究内容,提出了"图书馆应以图书、人员、设备、方法"为中心的"四要素馆工作协作委员会"、"中南、西南地区少年儿童图书馆协作组"先后组织举办了跨地区的大型的儿童图书馆工作研讨会议。辽宁、天津、湖南、上海、北京、南京、无锡、苏州等省市也各自举办过多次综合性或不同类型的儿童图书馆学术会议。尤其是建国四十周年前夕,《儿童图书馆与中小学图书馆》杂志社与儿童图书馆协作组织联合举办了学术论文征评活动,共征集论文四百余篇;经筛选,有一百二十篇文章获优秀奖,并在《儿童图书馆优秀论文集》中给予了正式公开发表。据统计,八十年代间,平均每年便有一次省市级以上的儿童图书馆工作研讨会议召开,由此可见其研究工作的活跃程度了。

三、本专业期刊杂志和丰富的专业参考资料大量问世

(一)八十年代的十年间,继《儿童图书馆与中小学图书馆》杂志(原名为《少图工作》)问世后,湖南、杭州、沈阳、大连、厦门等省市的少年儿童图书馆和无锡市中学图书馆协会,又创办了《少图书苑》(后更名为《少年儿童图书馆》)、《少儿图书工作》、《少儿图书馆工作》、《少儿书海》、《小白鹭》及《中学图书馆》等内部期刊。

《儿童图书馆与中小学图书馆》杂志创刊于一九八〇年春,它是天津市少年儿童图书馆首创的我国第一家儿童图书馆专业杂志。初创之际,它便得到了中央文化部图书馆事业管理局,中国图书馆学会,天津市文化局、出版局的大力支持。后经中央文化部图书馆事业管理局建议,天津市有关部门批准,一九八四年秋转为正式出版物。该杂志面向全国,每年刊登六十余万字的本专业论文,至今编辑出版了四十二期,发表了近七百篇四百二十多万字的本专业文章,受到全国各类型儿童图书馆工作者的欢迎。

湖南省办的《少年儿童图书馆》、杭州市办的《少儿图书工作》、沈阳办的《少儿图书馆工作》、大连办的《少儿书海》、厦门办的《小白鹭》五种内部专业刊物各有特色,有的侧重理论探讨,有

的侧重经验传播,有的非常注意教育教学参考资料和最新信息的提供。而无锡市中学图书馆工作委员会编辑出版的内部刊物《中学图书馆》则不然,它以研究中学图书馆工作的规律与传递中学图书馆的信息为宗旨。这几家儿童图书馆刊物虽带有较浓厚的地方特色,但却反映出我国儿童图书馆事业发达地区的面貌,是儿童图书馆工作开展比较性研究和掌握全面情况不可短缺的资料。

(二)几乎与儿童图书馆专业杂志产生的同时,这十年中,大量的儿童图书馆专业参考书亦纷纷问世。如书目文献出版社出版的《国外儿童图书馆工作》、湖南省少年儿童出版社出版的《少儿图书馆学概论》、教育出版社出版的《学校图书馆工作概论》、《智力》杂志社出版的《青少年利用图书馆指南》、《儿童图书馆与中小学图书馆》杂志编辑部出版的《儿童图书馆工作讲稿》、《中小学图书馆工作概论》、《国外儿童图书馆工作经验》、《日本中小学校、儿童图书馆》、《小学阅读课优秀经验集》、《少儿阅读指导概论》、《中小学校图书馆工作经验集》、《庆祝建国四十周年儿童图书馆优秀论文集》、《阅读手册》、《中小学校图书馆、儿童图书馆论文索引》等。除上述正式出版物外,湖南省少年儿童图书馆、沈阳市少年儿童图书馆、济南市少年儿童图书馆也内部出版了《泉城美》和多种儿童图书馆论文集选。这些种类丰富、内容广泛的儿童图书馆学专业资料的问世,毫无疑问地不仅为当前我国儿童图书馆学打开了更广泛的研究领域,并且为其取得更大的理论突破做好了基础条件的准备。

纵观我国儿童图书馆事业的发展历史,我们不能不承认,在这条历史的长河中,任何发展阶段都无法与八十年代儿童图书馆学的振兴猛进相比,它对我国儿童图书馆学研究的贡献是极其巨大的,是具有深远意义的。

但是,我们在充分肯定八十年代儿童图书馆学研究成绩的同时,也需认真分析它发展过程中存在的问题,以便借前车之鉴,保

证其事业的未来发展。我们认为,我们儿童图书馆学研究工作中的主要问题,有以下几个方面:

首先,研究的内容不平衡,在倾向上忽视了对基础工作的研究。解放前,我国儿童图书馆学多偏重于儿童图书馆基础工作的研究,而解放后却适得其反地忽视了这一点。大家知道,我们在没有搞好基本建设的前提下,去片面强调儿童图书馆的"思想性"和"服务性",大有本末倒置之感。事实上,目前我国儿童图书馆的基础工作还是相当薄弱的,不健全的。例如,产生已近一个世纪的各类型儿童图书馆,至今尚无一部适于自己应用的科学类分少儿读物的分类法,而只得一味地沿用《中国图书馆图书分类法》。儿童图书馆的基本性质、社会职能、地位作用以及事业建设原理等基础理论研究也很不完善,远远地落后于国外先进国家。我们认为,这些研究上的闪失与不平衡状态,都直接地影响着儿童图书馆存在的功利目的。同时,由于我们对国外儿童图书馆事业的研究过少,不能为我国儿童图书馆事业发展提供更多的借鉴,亦削弱了其对实践活动的指导作用。

其次,有些研究内容较为肤浅,缺乏应有的深度。近年来,虽然我国儿童图书馆事业发展顺利,发表的专业文章近千篇,但其中工作介绍、情况指导、资料编译、工作体会等方面的文章占有一定比例,而其真正具有独特学术价值的高质量的文章,相形之下则显得较为单薄,此方面暴露出儿童图书馆学研究工作的比重仍不令人满意。

再次,从整体上看我国儿童图书馆学的研究,我们不难发现,有些所谓的"成果",实际上是采用普通图书馆学的研究成果,不过是简单的移花接木而已。这种现象,尤以八十年代初期为严重。当然,利用科学的移植方法来展开我们自己的研究工作并非错误,但生硬地一味搬套成人图书馆的理论来约束自己,岂不"他山之石"失去了"可以攻玉"的作用吗。

例如,信息论创始人之一的美国科学家维纳(N. Wieaer)在《控制论》中指出:"信息就是信息,不是物质,也不是能量",尔后,他又在《控制论与社会》一书中进一步描述信息:"信息是我们适应外部世界并且使这种适应为外部世界所感到的过程中,同外部世界进行交换的内容的名称。"

克劳特·申农(C. E. Shannon)则认为:信息是"二次不定性之差"。

中国学者钟义信将信息定义为:"是关于事物运动的状态和规律。"

严怡民在其编著的《情报学概论》一书中,又提出了信息就是:"生物以及具有自动控制系统的机器,通过感觉器官和相应的设备与外界进行交换的一切内容"的概念。

综合多家认识所长,我们认为,所谓信息,狭义的概念,即指各种情报、消息、数据、资料、信号及指令等有关周围环境的知识;广义的概念,则指客观事物存在与运动状态的直接或间接地表述。

信息狭义的概念,我们很好理解,一般地讲,它们都比较具体。诸如政治消息、军事或经济情报、各类统计数据等等均属此范围之内。而信息广义的概念,则指示的范围就比较广泛了,像鸟兽的鸣叫呼唤,动植物的形状、色彩,物质的存在形式、变化更迁等等,均属于此类范畴。

"知识"的概念,从其本质上讲,它属于认识的范畴,即人类在社会实践中积累起来的经验。我们要注意"知识"的概念中突出强调的"经验"一词。它说明了知识的本质并不是对客观外界信息的简单重复与指导。作为人类,他既要通过各种信息来感知世界,而且还要通过大脑对接收的一切信息进行严格的分析、选择和总结,就是我们素常所讲的"思考",哲学上称理性认识过程。凡经过人脑理性认识过程而组合成的新的高层次的信息系统,才能属于知识。

知识可分为两大类,一是主观知识,即人类大脑对信息加工的结果,一是客观知识,它指的是主观知识被物质载体详细记录下来后的结果。客观知识便于保存、积累、开发、利用。几千年人类积累起来的知识,就是人类认识、改造世界的宝贵经验和社会发展的巨大动力。

"载体"的概念,简单地说,它是信息与知识赖以生存的外壳。

载体有广义载体与狭义载体之分。广义的载体,是信息与知识的共同载体,像人类的大脑、语言、文字符号以及电磁波等等均属于广义载体范畴。狭义的载体,却单指文献载体。文献的定义前面我们已经讲过,这里不赘。古代文献载体很多,例如甲骨、金石、简帛、兽皮、纸张等等。现代文献载体较之古代文献载体具有更高的工艺水平和更丰富的内容,如各类纸张、磁性材料、感光材料等等。

现在,我们在分别明确了信息、知识、载体和文献概念的基础上,就可以进而联系地看待它们之间的关系了。信息、知识、载体和文献的关系,我们用概括的语言来讲:信息是物质世界普遍存在的反映,是知识的原料;知识是人类通过思维活动对信息的加工结果;载体是信息和知识存在的外壳;文献则是记录信息与知识的一切载体。

既然文献是记录信息与知识的载体,那么文献学也就是以研究一切记载有信息、知识的文献为对象的。而作为儿童图书馆学的研究对象,记载有各类型少年儿童所需信息、知识的文献,自然也是重点研究内容之一。因此,儿童图书馆学与文献学有着共同的研究对象,有些学者把它们这种关系称之为同族关系。这里,我们还需强调的是,有一部分儿童图书馆学研究者将儿童图书馆学与文献学的关系认为即是儿童图书馆学与图书馆学的关系,这是概念性的错误。前面我们已经讲过,文献者,它是记载信息和知识的一切载体。图书,古代人称:"箸于竹帛谓之书。"(《说文解字》

叙),可见古代人把附载有知识信息的竹简、丝帛视之为书。后因社会生产力的发展,纸张替代了竹、帛,书的概念也演化为:用文字、图画或其他符号在纸张上记录的知识、表达的思想并制成卷册的著作物。显然,书只是用纸张做载体来记录知识、信息的一种文献,它仅仅属于文献的一个类型。倘若我们将书与文献同等看待,那现代少年儿童图书馆的收藏范围势必会随之大大萎缩,许许多多极其有益的儿童非书资料便因此遭到排斥,无法发挥出它们对儿童读者的特殊效益。所以,我们在确立儿童图书馆学的相关学科时,我们决定以内涵更丰富的文献学取代较为狭隘的图书馆学为儿童图书馆学的相关学科。

二、儿童图书馆学与目录学、情报学的关系

目录学,是研究目录工作发生、发展及其规律的一门学科。儿童图书馆为了妥善保存和揭示自己的馆藏资料内容,帮助广大少年儿童读书治学,它就必须以目录学的理论与方法为其工作基础。有的学者曾十分准确地总结出图书馆学与目录学的关系是:目录学为图书馆学提供了研究方法,图书馆学为目录学开辟了广阔的研究领域。

情报学,是研究有关情报的收集、加工、整理、传递和利用的理论、方法技术的一门学科,它产生于本世纪中叶。情报学在广泛吸收图书馆学、目录学、图书分类法的理论研究成果与技术方法的基础上,得到了新的发展。反之,图书馆在为少年儿童教育、教学等科研方面服务和对广大少儿读者进行情报知识教育时,它也与情报工作的性质、对象、服务方式基本相同,也要充分参考、利用情报学的成果,才可能进一步开拓自己服务的新领域。

三、儿童图书馆学与教育学的关系

教育学是研究教育现象、揭示教育规律的一门科学。从教育

对象来看,教育学可以分为学前、初等、中等、高等、成人、特殊儿童等各类专门教育学。但是,一般的情况下,教育学即普通教育学,指的是初等和中等教育研究。教育学与儿童图书馆学的相互交叉处,在于儿童图书馆的主要教育对象也正是接受初等、中等教育的少年儿童这一点上。此外,从研究内容上看,儿童图书馆学与教育学有着许多的共同点,如阅读指导这一方面,儿童图书馆的指导内容除增加了图书馆教育一项外,其他内容基本一致。最重要的是,儿童图书馆学也好,教育学也好,其研究的最终目的,都是探讨如何为祖国培养全面人才的方法和规律,它们均具有相当突出的实用性。

四、儿童图书馆学与儿童心理学的关系

儿童心理学是研究儿童心理过程、揭示儿童心理现象的一门学科。因此,儿童图书馆学要想认真、深入地研究少年儿童的阅读心理,即少年儿童从书面语言中获得有意义的心理过程,从而达到提高其阅读速度与效果的目的,就势必借助于儿童心理学基础理论,并利用儿童心理学的基本方法来开展自己的研究。故而,儿童图书馆学与儿童心理学的关系在当今,已被越来越多的研究者所重视。

五、儿童图书馆学与哲学、数学的关系

人们誉哲学为"百科之父"是丝毫不过分的。此中原因在于,哲学的研究对象系整个物质和精神世界,它囊括了自然科学、社会科学、人类思维的全部知识。因此,哲学肩负着提供各学科研究以指导思想的重任。我们的儿童图书馆学当然不可能背离这个规律。它的全部研究工作,始终是在哲学的指导之下,准确地讲,是在马克思主义哲学思想的指导之下来展开的。

数学,是人们公认的、各学科不可缺少的研究手段与辅助工具。正如无产阶级革命导师马克思所指出的:"一种科学只有成功地运用数学时,才算达到了真正完善的地步。"儿童图书馆学的研究之中,量的考察和分析,几乎是每一个研究项目的基本条件。尤其在当今时代,随着电子计算机在儿童图书馆中的逐步应用,数学与儿童图书馆学研究将更加紧密地联系在一起。

六、儿童图书馆学与系统科学的关系

系统科学是从系统的认识角度去研究整个客观世界的一门学科。它是二十世纪四十年代后科学技术大发展时代的宠儿。系统科学的理论和方法从此横跨各个学科领域,为现代科学技术和社会的生产发展做出了难以估价的贡献。在儿童图书馆学研究方面,系统科学的基本原理、系统的技术科学和系统的工程技术同样为它提供了崭新的理论与方法。例如,关于儿童图书馆学的研究对象、研究内容乃至儿童图书馆的具体工作程序、科学管理等方面,实际上我们已经逐步引进了系统思想认识和技术方法了。我们认为,在未来的儿童图书馆学研究中,系统科学将打破原有的研究框架,为我们开辟出一个更广阔的新天地来。

以上,我们仅仅例举了几种与儿童图书馆学关系表现得较为密切的相关学科。这里不可能,也无必要把所有与儿童图书馆学有联系的学科罗列出来。儿童图书馆学是一个不断自我丰富、自我完善的运动系统,这个运动系统随着它的发展,必然与其他诸学科,如社会学、出版学、图书发行学、卫生学、化学、物理学、人生学等等产生更为广泛的联系。然而,我们并非先知,它的相关学科将会有多少,则难于完全预见。

儿童图书馆学的相关学科研究,只有通过大量的实践活动,才能逐步地总结出来。

第四节　儿童图书馆学研究的科学方法

无论我们做什么事情，都要有一定的方法，"方法"一词，源于希腊语，含意是指"沿着正确的途径"。但"方法"一词的美好含意并不能决定我们在实际生活、工作中的一切"方法"都是正确的。马克思曾说过"我们得到的一般的结论，在一经得到之后便成为研究的指南针。"与愿相悖者，有些研究者由于其研究结论的错误，故而导致总结出错误的"方法"。因此，错误方法的克星不是"方法"一词的含意，而是与之大相径庭的科学方法。

什么是科学方法？科学方法的本质即正确认识和改造世界的方法，是符合客观规律的科学研究的理论、原则、方法和手段。科学方法是由三个层次组成的。

第一层次为：哲学方法，即研究者从事理论研究时与其世界观密切相关的、具有指导意义的基本思想和方法。

第二层次为：一般科学方法，即许多学科共同使用的方法。

第三层次为：专门科学方法，即某一学科为研究自己的专门对象所采用的特殊方法。

儿童图书馆学的研究方法，既要利用哲学方法，又要利用一般科学方法，同时，它为保持"自己的学科形式"（恩格斯语），还要具备本身专门的科学方法。当前，在儿童图书馆学研究尚为稚嫩的时期，它经常使用的研究方法有上述三种。

一、哲学方法

在"儿童图书馆学的相关学科"一节中，我们已经了解到哲学与儿童图书馆学的关系了。我国图书馆学总体性的优秀研究成果，如确立图书馆学研究对象的"矛盾说"、"规律说"、"交流说"

等,即为马克思主义哲学在图书馆学研究方法中的具体应用。可是,一旦结合儿童图书馆学的具体研究工作时,有一些人却偏偏不肯承认辩证唯物主义与历史唯物主义对儿童图书馆学的指导意义。翻开个别的儿童图书馆事业史论著,尤其是某个时期的断代史,我们就会发现,往往其中的记录与评价带有十分浓厚的个人之好恶情感,与史实相差甚殊。这样的研究,既贬低了研究者自己,也贻害于参考使用者。究其原因,不外乎研究者的指导思想和应用方法存在着严重的问题。他们所谓的否定哲学对本学科的作用,实际上就是否定辩证唯物主义与历史唯物主义的立场、观点,而接受并使用了另一套非马克思主义的哲学观点与方法。所以,我们应该强调,儿童图书馆学研究的哲学方法,是马克思主义哲学的方法,只有马克思主义哲学的物质观点、运动观点、矛盾观点以及意识、时空、质量、否定等观点,才是我国儿童图书馆学展开理论研究时的基本观点与检验的准则。

二、一般科学方法

儿童图书馆学研究中的一般科学方法包括归纳与演绎法、观察试验与调查统计法、移植方法、系统方法、数学方法等等。

归纳与演绎这一对方法,犹如乘法和除法,聚合与分散那般的互逆而又互辅。归纳是从特殊走向一般的结论;演绎则是从一般的原理走向个别的结论。儿童图书馆学利用归纳方法,去研究它的类型、性质、职能和任务等,利用演绎的方法,去研究阅读现象、少儿读者心理以及图书馆的科学管理等。

观察试验与调查统计方法,是儿童图书馆学研究之中要经常综合使用的方法。例如对少儿读者阅读的习惯的观察、心理过程的试验、阅读倾向的调查以及因习惯、心理反应、倾向影响等所造成的书刊流通、利用的统计等等,这些方法便是综合使用的体现。事实上,在儿童图书馆学无论哪一项的研究之中,观察试验、调查、统计这几种方法,都是最根本、最重要的奠基条件,失去了这些方法,我们可以断言,儿童图书馆学的任何研究都纯系空中楼阁,无法成立。

移植方法、系统方法和数学方法在儿童图书馆学研究中的利用,亦是势所必然的。通常情况下,我们为了本学科研究的简便有效,将另一学科的概念、原理和方法引进本学科。例如,在研究少年儿童阅读指导规律时,我们就引进了阅读学;研究孩子们因不良阅读而导致犯罪时,便引进了犯罪心理学等。这就是我们利用了移植法的结果。系统方法则其不然,它要求我们用系统的思想去看待世界,同时,据此研究如何使儿童图书馆这个系统处于最优运动状态,以便解决为广大少年儿童读者提供最佳服务的问题。至于数学方法,则可以把它形容成如水一样活泼的物质,它几乎渗透进儿童图书馆学研究的每一个层次内,以至不但定量分析,就是定性分析研究中,也不能片刻脱离。专家们预言:图书馆学正朝着数学化的方向迈进,这并非危言。

三、专门科学方法

令人遗憾的是,儿童图书馆学太幼稚了,它至今还没有创造出属于它自己的、有独特意义的研究方法来。更确切地讲,儿童图书馆学研究的专门方法,现在还未定型。它正在充分利用其他研究方法的基础上,通过自己艰辛地努力,逐步地孕育和培养着自己的专门方法。

总之,儿童图书馆学的研究方法在其应用过程中,绝不仅限本节所介绍的这几种。本节所提及的几种方法,是针对当前儿童图书馆学研究工作中常被利用者而言。我们认为,任何一门学科的研究方法都应该是视需要定取舍的。囿于某种条条或框框的制约,就会束缚住研究者的手脚,研究工作于是也就失去了它的价值。

说"。他认为："图书是原料，人员是整理和保存这些原料的；设备包括房屋在内，是储藏原料、人员、工作和使用图书的场所；方法乃是图书所以能与人发生关系的媒介，是将图书、人员、设备扩成一片的联络线。分别研究这四种要素便成为各种专门的学问。"随后，他又进一步将自己"四要素"的理论发展为"五要素"，即图书、读者、领导和干部、建筑与设备、工作方法等。由此可见，"要素说"是我国最早形成的图书馆学体系。它是将图书馆这个整体分成若干个组成要素，然后对每一个要素在图书馆活动中的功能、运动规律以及揭示图书馆活动的内在规律进行研究。这一理论体系的建立对我国早期图书馆学研究产生了深远的影响，极大地促进了当时的图书馆学发展。儿童图书馆学作为图书馆学的分支学科，也正是在这样一种社会条件下产生并逐渐发展起来的。

我国的儿童图书馆事业与欧美等幼儿教育先进国家相比，起步较晚。十九世纪末，受国内当时改良派"西学"思想的影响，我国图书馆界、教育界的有识之士开始重视儿童图书馆事业。但真正对其进行研究，还是从翻译、介绍国外儿童图书馆工作经验作为出发点的。据史料记载，我国最早介绍国外儿童图书馆工作的文章，是一九〇一年由《教育世界译篇》杂志翻译的《关于幼稚园图书馆等及私立小学规则》和《关于幼稚园图书馆等规则》。一九〇三年，该刊物又翻译发表了《记美国少年图书馆》一文。这几篇译文的问世，对当时国内的教育界和图书馆界产生了不小的震动，引起有关人士对幼儿教育与儿童图书馆关系的注意，使之开始意识到儿童图书馆在启迪儿童智力，养成好学习惯方面的重要作用，随即萌发了筹建中国儿童图书馆的意念。

一九〇九年，蔡文森在上海《教育杂志》上首次发表了自己撰写的《设立儿童图书馆办法》一文，这是我国论述儿童图书馆问题的第一篇专著。随即，于一九〇一年又发表的《儿童图书馆》。这两篇论文不仅提出了组建我国儿童图书馆的最初设想，为我国图书馆学增添了新的研究内容，而且在某种意义上讲，它们还是我国步入自己独立地研究儿童图书馆学道路的重要里程碑，对于我国第一所儿童图书馆的建立起到了相当大的促进作用。一九一〇年"上海工部局立华童公学图书馆"建立，这是我国第一所教育系统的儿童图书馆，亦是我国最早开办的小学图书馆，它标志着我国儿童图书馆的实践活动正式开始。从此，我国的儿童图书馆学的理论研究工作，在实践的过程中，由最初的破土萌生，逐渐地发展壮大起来。

第二节　我国儿童图书馆学的发展

我国的儿童图书馆学理论研究工作，伴随着儿童图书馆在其各阶段实践活动的重点不同而各有侧重。

一九〇〇年至一九一九年，即二十世纪伊始年代，由于儿童图书馆工作刚刚起步，各方面缺乏丰富的经验。因此，研究工作多以翻译、介绍国外（特别是欧美等国）的先进工作经验与方法，探讨儿童图书馆兴建模式为主，专题性的理论研究工作尚未开展。此时期内共有八篇文章相继问世，其中译文四篇，占全部发表文章的百分之五十。这几篇文章绝大部分登载于当时的教育报刊上（登载于图书馆专业杂志上的篇数极微）。这表明儿童图书馆一开始就被视为一种依附性的教育机构，在教育界的积极倡导下而率先得以发展。

二十年代，随着儿童图书馆事业的不断发展，如何加强儿童图书馆的基本建设，体现其教育职能的问题就成了当务之急。因此，这段时间，儿童图书馆的理论研究工作多以探讨儿童图书馆基本建设的问题为主，如《儿童图书馆问题》、《儿童图书馆在教育上之价值》、《论儿童图书馆与儿童文学书》等。在这些文章的基础上，一九二四年终于诞生了我国第一部儿童图书馆学的专著:《儿童图书馆之研究》(陈逸著)。该书的问世和同时发表的二十五篇专门论文无可置疑地说明,我国儿童图书馆学的专业性研究工作已经开始,中国的儿童图书馆学研究空白点,已被一批社会上的有识之士在奋力地弥补。

三十年代,由于我国儿童图书馆工作逐步进入正轨,并开始为社会所承认,故而儿童图书馆的理论研究亦随之跨入了一个相应迅速发展的时期。其间共有一百一十八篇专论文章问世,所论问题涉及儿童图书馆工作的各个领域。其中论述儿童图书馆建筑、设备方面的文章有二十七篇;论述读者服务工作的文章有二十八篇;论述藏书建设工作的文章有十六篇;论述图书馆教育作用的文篇有十篇;论述儿童图书馆分类方法的文章有十篇。在这数量可观的论文中,以论儿童图书馆组织管理工作的文章数量为最,如《儿童图书馆的章程》(天津)、《无隶县乡村儿童图书馆章程》等。尤为令人欣喜的是,这一时期内,随着我国儿童心理学研究的发展,还出现了十篇专门研究论述儿童阅读兴趣(心理)的文章,还在我国儿童图书馆学研究史上可谓是重大的领域性突破。

总之,这一时期的儿童图书馆学理论研究工作,较为重视技术方法的研究,而且从发表的论文内容上看,其研究内容已开始向纵深发展。这些优秀的研究成果不仅对于当时的儿童图书馆各项工作趋于正规、科学,起到了积极的推动作用,而且基本上确立了儿童图书馆学在图书馆学这个大系统中的重要地位。

四十年代,是我国儿童图书馆学研究的停滞时期。此期间由于我国抗日战争进入白热化阶段,而解放战争又相继揭开战幕。因此,中国社会的政治、经济、文化等各项事业均为战争所牵制,也就是说当时的一切都要为战争服务,一切的存在与运动都要视战争的需要而确定。在这样一种空前动荡的社会环境中,作为刚刚破土而发,尚处稚嫩状态的儿童图书馆来说,既无法在战争中表现出其对社会的应急作用,同时又经不起这两场战争的残酷考验,终于在缺乏必要的经费保障和社会舆论支持的情况下,几近崩溃的边缘。这势必会使我国的儿童图书馆学研究工作受到影响使其丧失继续发展的动力,基本陷于停顿和萎缩的状态。

五十年代,正处于新中国刚刚诞生,工农业生产、文化教育事业飞速发展的有利时期,人民大众当家做主的激情异常高涨。在全社会大力提倡为人民服务思想的指导下,儿童图书馆的研究重点自然放到了读者服务工作上。这一时期,虽然有关组织管理、分类、编目等基础工作也稍有论述,但远不及对读者服务工作的研究。此阶段仅探讨儿童读者服务、辅导方面的文章就有七十四篇之多,占全部论文发表数目(一〇三篇)的三分之二。此外,由于当时社会主义儿童图书馆事业尚处于初创时期,各方面工作均缺乏丰富的经验。因此,翻译文章较多问世,而且鉴于我国建国初期与苏联社会主义国家关系较为密切的缘故,这些翻译文章基本上译自苏联,这就为此时期我国建立以苏联为模式的社会主义儿童图书馆事业体系提供了重要的理论根据。总之,五十年代,是新中国成立后儿童图书馆学研究工作第一个较快发展的高潮时期,它确立了儿童图书馆学在社会主义图书馆学这一大系统中所占据的一席之地。

六十年代和七十年代是我国儿童图书馆学研究工作又一停滞时期。由于十年"文革"的严重摧残和"极左思潮"的极大泛滥,我国的经济、文化等各项事业均遭到了全面的破坏。当然,作为社会主义文化教育事业重要组成部分的儿童图书馆亦在劫难逃,它们或被取消,或被封闭,或被并入他馆,以至整个事业呈现一片萧条状态。既然儿童图书馆的实践活动都已停止了,那么,作为专门研究儿童图书馆运动规律的儿童图书馆学,"皮之不存,毛将焉附"?据统计,二十年的时间里,仅有二十余篇本专业的文章问世,等于平均每年只能见到一篇。而且就是这绝无仅有的一篇,也被"极左思潮"所控制,其作者不敢接触实质性的技术方法与基础理论的研讨,而只能违心地将儿童图书馆学内容或无限制地上纲上线,或空泛地奢谈儿童图书馆在阶级斗争中的作用。因此,有的学者称这一时期的儿童图书馆学研究是从"精神"到"肉体"被全面扭曲了的伪科学研究。我们认为如此概括地评论六十年代和七十年代的儿童图书馆学研究工作,虽有其正确的一面,但我们在肯定它的同时,也必须应该看到,任何历史都有其自身的、内在的自然发展过程,儿童图书馆学虽在这二十年间深受政治运动的影响,可它终究是儿童图书馆学发展历史中的一个环节,从辩证的观点上看,此阶段的衰败,正预示着下一个历史阶段的大发展,这大概就是"物极必反"的普遍规律的反映吧。

第三节　我国儿童图书馆学的重新振兴

二十世纪八十年代,是我国儿童图书馆学研究真正摆脱了建国以来"极左思潮"的影响,重新振兴、飞跃发展的年代。随着一场史无前例的社会政治大动荡的结束,国家转危为安、百废俱兴。在党的十一届三中全会精神的指导下,中央书记处于一九八〇年通过了《图书馆工作汇报提纲》。根据该《提纲》中关于中等以上城市和大城市的区都应逐步建立专门少年儿童图书馆的要求,仅两年多的时间里,全国的市级以上少年儿童图书馆就由原来的七所,发展到了四十余所,儿童阅览室由原来的七、八十个,猛增到六百八十余个。

儿童图书馆事业的迅猛发展,进一步刺激着儿童图书馆工作技术和基础理论的研究,为了结束"若大中华无一儿童图书馆专业期刊,良足为耻"的历史,为广大少儿图书馆工作者、研究者开辟出一方交流经验、进行理论研究的阵地,在中央文化部图书馆局、中国图书馆学会和天津市文化局的支持下,天津市少年儿童图书馆于一九八〇年三月创办出我国第一家儿童图书馆专业杂志——《少图工作》。一九八二年该刊曾更名《儿童图书馆》,最后定名为《儿童图书馆与中小学图书馆》,面向全国正式出版发行。一九八一年夏,中央文化部、教育部、团中央又联合在北京召开了"全国少年儿童图书馆工作座谈会",除西藏、台湾两省、区未派代表外,其他各省市、自治区的文化、教育、共青团以及主要儿童图书馆负责人共一百二十名代表出席了这次"在我国历史上从未有过的"专门儿童图书馆工作会议。此间,北京大学、武汉大学和华东师范大学三所高等院校图书馆学系,亦派出专家莅会,为开辟我国图书馆学新领域的研究——儿童图书馆学研究奠定了一定的基础条件。

政通人和,一九八一年冬,在文化部委托华东师范大学图书馆学系举办的"首届全国少年儿童图书馆业务干部培训班"上,以郑莉莉、罗友松、陈誉、何维珍为代表的几位专家教授第一次正式地提出了我国应该建立具有自己国家特色的儿童图书馆学的学术主张。同年,经天津市少年儿童图书馆组织研究起草,天津市教育局批准实行的我国第一个较系统、全面的《天津市中小学图书馆(室)工作条例》受到中央教育部的重视,并专文转发全国参照执行。

纵观八十年代儿童图书馆学研究的大振兴、大发展历史,我们不能否认,一九八一和一九八二这两年是为全国八十年代乃至今后做奠基准备的相当重要的两年。如果这两年中没有各级领导部门的坚决支持和儿童图书馆事业的巨大发展,便不可能产生整个八十年代儿童图书馆学的辉煌成果。

总结八十年代我国儿童图书馆学研究的成绩,具体表现在四个方面:

一、儿童图书馆工作者、研究者撰写出一大批质量较高的学术论文

据初步统计,这十年当中不包括散见于其他报刊上的儿童图书馆论文,仅《人民日报》、《光明日报》、《中国教育报》和《儿童图书馆与中小学图书馆》、《少年儿童图书馆》、《儿童图书馆工作》及各图书馆学专业杂志上公开发表的儿童图书馆研究文章,便已近千篇,是解放前同类研究文章的六倍。这些研究文章对我国儿童图书馆的性质、职能与工作规律,图书馆网与事业发生发展的历史沿革,少儿读者阅读心理过程,儿童图书馆的阅读指导方法,儿童图书馆的藏书类型和系统的建设,建筑设备与科学管理等等,几乎无所不及。其中有相当数量的学术论文已被引进儿童图书馆专业教材和作为领导决策的依据。此外,全国性和地方性(省市级以上)的儿童图书馆科学研讨会还选用了一大批探讨儿童图书馆工作技术方法和基础理论研究文章,累计这些被学术会议选用,但由于客观条件所限未能公开发表的文章,也在五百篇以上,如此大数量的论文,倘若经过进一步精选,编纂成八十年代儿童图书馆学研究文集,那么对我国儿童图书馆事业建设无疑是一本相当珍贵的大型文献资料。

二、中国图书馆学会设立了专门研究机构,全国各地多次举办本专业科学研讨会

中国图书馆学会于一九八二年初委托天津市少年儿童图书馆和上海市少年儿童图书馆筹建"中国图书馆学会学术委员会少年儿童图书馆研究组"。天津、上海二所儿童图书馆经过为期半年的筹备,并经中国图书馆学会批准,于同年在天津召开了该研究组成立大会。会上,天津市儿童图书馆、华东师范大学图书馆学系、北京大学图书馆学系三单位代表当选为该研究组首任正、副组长。

尔后,中国图书馆学会在一九八五年聘请湖南省少年儿童图书馆、天津市少年儿童图书馆、上海市少年儿童图书馆的代表为该研究组的第二任正、副组长;一九八八年中国图书馆学会机构改革,将原儿童图书馆研究组变革为委员会,并聘湖南、天津二少年儿童图书馆代表担任该委员会(研究组)第三任正、副组长。该委员会(研究组)在成立的十年间,先后举办了"全国儿童图书馆工作研讨会"、"儿童图书馆编目工作专题研讨会"等学术会议。

应特别提出的是,一九八七年间中国图书馆学会与文化部图书馆事业管理局共同举办的"全国儿童图书馆工作经验交流暨学术研讨会议"。这次集经验交流和学术研讨于一体的会议,使儿童图书馆工作实践与理论有机地联系在一起,起到了边交流经验边研究理论的极佳效果。此次会议是建国以来规模最大(除西藏自治区、台湾省未派代表外,其他各省市均派代表出席了会议),参加人数最多(一百二十余名代表参会),收到学术论文和优秀经验材料数量最高(据初步统计,共收经验材料、论文近五百篇)的空前盛会。文化部副部长高占祥同志为大会写来亲笔信,信中他强调:"少年儿童图书馆的工作应该随着时代的脚步而前进。我们的少年儿童图书馆,怎样更生动活泼地为众多的小读者提供丰富精美的精神食粮,怎样根据少年儿童的特长更好地配合'四有'教育,怎样更热情、更主动、更灵活地为小读者服务,需要我们进一步总结经验、交流情况和理论探讨,以期把少年儿童图书馆工作搞行更好。"文化部图书馆局副局长鲍振西同志在讲话中也再三要求广大少年儿童图书馆工作者、研究者"进一步探讨少年儿童读者工作的特点与规律"和"研究制订有关少年儿童图书馆工作的法规性文件"。这些讲话对于儿童图书馆学研究工作向纵深发展起到了极大的推动作用。

在全国学术研究工作日益发展的形势推动下,"华北、东北、西北少年儿童图书馆工作协作委员会"、"华东地区少年儿童图书

以上,我们探讨了我国儿童图书馆学发生发展的过程,并分析了其中存在的一些问题,这种探讨和分析都是为了科学地、完整地认识我国儿童图书馆学的研究工作,从而发挥出它已有的优势,弥补其不足与缺欠,同时预见未来的运动方向,使我国儿童图书馆学研究在各学科组成的科学大家庭中占有它自己应有的位置。

第三章　儿童图书馆事业

第一节　儿童图书馆事业及其系统结构

一、儿童图书馆事业的概念

什么是儿童图书馆事业？这个概念性的问题曾一度被人们错误地理解为：儿童图书馆事业就是儿童图书馆。诱发产生这种错误认识之关键在于，人们还没有完全明确"儿童图书馆事业"一词的真正内涵。从语法上讲，"儿童图书馆事业"是一个偏正结构的词组。"儿童图书馆"系该词组修饰限制部分，即说明事业的范围、内容的定语，而"事业"才是该词组的中心语（亦称主体）。由此可见，儿童图书馆绝不等同于儿童图书馆事业，如果误将修饰语当作中心语来看待，便会出现上述认识上的错误，造成"儿童图书馆事业"与"儿童图书馆"两个基本概念的混淆。

事业一词，初见于《易·坤》："而畅于四支，发于事业。"孔颖达疏："所营谓之事，事成谓之业。"即做经营成就解。现代词书解释"事业"为："人所从事的，具有一定目标、规模和系统而对社会发展有影响的经常活动。"我们姑且不论古注今解的差别，仅从"事业"一词的基本内容来看，它要求凡称之为"事业"者，则应具备这样几个标准条件：

A、它必须具有一定的活动目标、规模和系统；

B、它必须是人类从事的活动；

C、它必须对社会发展产生积极的影响。

只有具备上述三条标准，方可称之为"事业"。

无产阶级伟大的革命导师列宁同志，是最早给图书馆事业这个概念赋予社会涵义，并将它作为一个沟通社会思想的社会系统来看待的人。他指出：图书馆事业是与国家利益有关的事业，这个事业从其产生之日起，便与一个国家的政治、经济、文化生活有机地联系在一起。其次，图书馆事业的自身应是联系极为密切和互相协作的许多图书馆组成的总体，而它们的活动目的在于解决国家面临的各项国民经济任务和文化任务。列宁同志关于"图书馆事业"的这一正确阐述，对于我们今天的研究工作仍具有指导意义。

现在，我们便根据"事业"概念的要求标准和列宁同志的论述，来推论一下"儿童图书馆事业"概念的含意。首先我们要认识到，儿童图书馆的产生，与其他各类型图书馆一样，是适应人类社会发展的需要而经人工建立的开放系统。所以说它是人类从事活动的结果，这点无庸置疑。但单独的一所少年儿童图书馆，它的社会作用肯定是有限的，它没有条件，也谈不到对整个社会发展产生相当的影响。然而，当各类型的少年儿童图书馆紧密地联系在一起，形成一个数量可观、规模巨大、目标统一、层次清楚的社会巨系统时，它就能承担起社会对儿童图书馆的多种需求，为社会的文化、教育做出贡献。

据上所论，我们现在已经清楚了儿童图书馆与儿童图书馆事业的关系，即儿童图书馆事业是由各类型、各层次少年儿童图书馆有序地组成的一个有统一活动目标的儿童图书馆集合体。一所儿童图书馆只是这个大集体中的一个小分子，一个组成部分而已。因此，将儿童图书馆和儿童图书馆事业两个概念等同地看待，是完全错误的认识。

二、我国儿童图书馆事业的系统结构

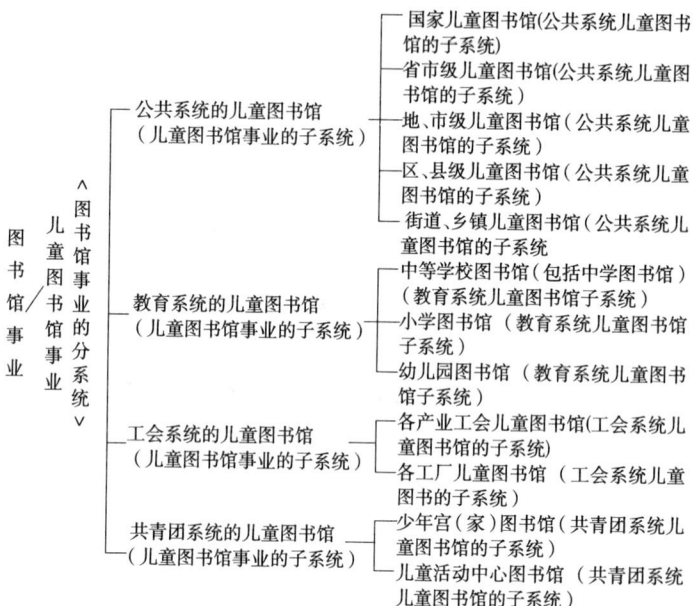

图书馆事业
〈儿童图书馆事业〉
〔图书馆事业的分系统〕

- 公共系统的儿童图书馆
  （儿童图书馆事业的子系统）
  - 国家儿童图书馆(公共系统儿童图书馆的子系统)
  - 省市级儿童图书馆(公共系统儿童图书馆的子系统）
  - 地、市级儿童图书馆（公共系统儿童图书馆的子系统）
  - 区、县级儿童图书馆（公共系统儿童图书馆的子系统）
  - 街道、乡镇儿童图书馆（公共系统儿童图书馆的子系统）

- 教育系统的儿童图书馆
  （儿童图书馆事业的子系统）
  - 中等学校图书馆(包括中学图书馆)（教育系统儿童图书馆子系统）
  - 小学图书馆 （教育系统儿童图书馆子系统）
  - 幼儿园图书馆 （教育系统儿童图书馆子系统）

- 工会系统的儿童图书馆
  （儿童图书馆事业的子系统）
  - 各产业工会儿童图书馆(工会系统儿童图书馆的子系统)
  - 各工厂儿童图书馆 （工会系统儿童图书的子系统）

- 共青团系统的儿童图书馆
  （儿童图书馆事业的子系统）
  - 少年宫（家）图书馆（共青团系统儿童图书馆的子系统）
  - 儿童活动中心图书馆 （共青团系统儿童图书馆的子系统）

我国儿童图书馆事业是我国图书馆事业不可分割的重要组成部分，是图书馆事业大系统中的一个分系统。各级公共少年儿童图书馆、学校图书馆、少年宫图书馆等不同类型的儿童图书馆，既保持自己个性，又表现着共性地组成了儿童图书馆事业这个大家庭。这个"大家庭"的系统结构如上图所示。

从图示中我们可以了解到，我国儿童图书馆事业体系是存在着一定的问题的。它最突出的问题，即这个系统尚未做到集中管理。作为一个事业，不能实现集中管理，它究竟有哪些弊端呢？

（一）多头领导，造成事业组织结构的松散状态

现今我国的儿童图书馆事业，是由文化系统、教育系统、工会

系统、共青团系统等下属的各级、各类型少年儿童图书馆组成的。从形式上看，虽然它们共属于一个事业范围，但从实质上看，它们却隶属不同的行政领导，各事其主各自为政。因此，儿童图书馆事业要想达到它运动目标的完全统一、步骤的整齐协调、业务工作的科学规范等目的，就面临着首先打破行政的条块格局的艰巨任务。例如，华北某地区，为了规范该地区各类型少年儿童图书馆的工作，文化部门便拟议召集一次全地区的儿童图书馆工作会议，以制定相应条例。虽多次与其他各系统联系，却终因领导认识的基础不一致，而最终取消。可见，多头领导的这种儿童图书馆事业结构，确实存在着不科学的因素，应当考虑予以改进。

(二)互相割裂，造成事业内关联的松散状态

由于我国儿童图书馆事业的纵向结构是隶属等级。因此，其横向表现必然是呈相互割裂的割据态势。既然出现了割据态势，那么，"单干求全"的思想也就自然而然地应运而生了。那些原本属于一个整体的各个组成部分，如今却各成一统，为其生存，而以个体为单位地求全之治了。不难想象，在我们这样一个大国之中，仅儿童图书馆群体的相互割裂，求全单干，便会造成多么巨大的人、财、物的浪费。《文汇报》曾发表过一篇文章，报道了某市图书馆在订购《四库全书》(每部二十万元)时，竟有几个单位同时订了七部。究其原因，还不就是彼此个体求全的结果吗? 据统计，我国某大城市市级公共图书馆全年的总经费一九八八年度为488.9万元(人民币)，它虽在我国已居高水平标准，但比较美国的一所国会图书馆经费(每年2.2亿美元)，却仅仅是人家的千分之几。我们无需回避我们国家目前较低的经济水平所造成的图书馆事业经费紧张的事实，但在如此紧张的经济条件下又出现如此程度的浪费，便更能说明改革事业结构的弊端的紧迫性和必要性了。

为了克服上述儿童图书馆事业结构的问题，我们认为，只有在各类儿童图书馆系统纵向联系的指导下，加强其横向联系，并按照

专业化的原则,即以儿童图书馆工作的专业性质为基础,对其业务工作实行统一的组织和管理,才能逐步打破纵向多头、横向分割的原事业结构。例如,联合制定儿童图书馆的法规、条例,通过法的制约,使千千万万个不同类型、层次的儿童图书馆,在统一法规的指导、约束下互通有无、互相联系地工作。大家知道,正如统计报告所公布的那样,我国县级以上图书馆藏书总数,目前只有2.8亿册,全国人均藏书为0.25册,这个数字相形于苏联人均藏书的册数和美国人均藏书的册数,不但说明了我们与先进国家的差距,而且也说明了在我国图书馆家底微薄的情况下,惟以发展广泛的横向联系,共同利用有限的藏书资源,方可弥补社会需求的严重不足,真正实现儿童图书馆的资源共享。

第二节　我国儿童图书馆的类型

新中国成立以后,在党和政府的关怀下,我国儿童图书馆事业得到了迅速的发展,为了满足不同的少年儿童读者和少儿教育、教学工作者的需求,儿童图书馆的类型也随着事业的发展不断增加。如为中小学生在校学习服务的中小学图书馆;为广大少年儿童课余时间丰富文化生活、普及科学文化知识服务的公共少年儿童图书馆;为低幼孩子们发展智力、开阔眼界的玩具图书馆;以及为残疾少儿设立的盲童图书馆等。儿童图书馆类型的丰富多样,为儿童图书馆学研究带来了新的研究课题:儿童图书馆的类型划分。本节的内容就是展开对我国儿童图书馆类型的讨论。

一、划分儿童图书馆类型的意义

划分儿童图书馆类型的意义,主要在于它能够区别人们头脑中"普遍性"和"特殊性"的认识。少年儿童图书馆是以广大少年儿童为主要服务对象的专门图书馆,这是我们对各类儿童图书馆的普遍性的认识,但不同类型的少年儿童图书馆,其主要服务对象是不同类型的少年儿童读者,其服务手段、内容以至馆藏也各具独特之处,这是我们对各类儿童图书馆的特殊性认识。区别不同类型儿童图书馆的普遍性和特殊性,并通过区别认识进一步把握它们相异的读者对象、发展规律和确定它们在儿童图书馆事业系统中所占有的地位,从而为研究儿童图书馆事业的状况与发展趋势提供基础条件,这就是划分儿童图书馆类型的意义与作用。

联合国教科文组织(UNESCO)曾于一九六六年支持国际标准化组织(ISO)和国际图书馆协会联合会(IFLA)制定了图书馆统计的国际标准,八年后,这个标准由国际标准化组织颁布。该标准中设有"图书馆分类"一章,将图书馆划分为:国家图书馆、高校图书馆、其它主要的非专门图书馆、学校图书馆、专门图书馆和公共图书馆等六大类型。这个标准公布后,得到一些国家的支持,也遭到一些国家的反对。由此可见,图书馆类型的划分问题,的确是一个复杂的、各国图书馆学研究界都在探讨之中的大问题。

著名苏联教育学博士 O.C. 丘巴梁认为:"按照不同的类型和种类将图书馆进行划分,主要是以类型不同为标志。例如,有的着眼于某类图书馆所解决的问题的特殊性,有的着重图书馆的藏书内容和读者工作的内容,有的则着重于图书馆本身所隶属的部门关系等等。不过无论如何,都是把图书馆的用途作为划分图书馆的一项基本的和最重要的划分标志。"

二、我国划分儿童图书馆类型的标准

在我国,划分儿童图书馆类型的标准,目前存在着"隶属关系标准"、"藏书范围标准"、"读者对象标准"、"规模标准"等四种。

A、"隶属关系标准",即按儿童图书馆的隶属关系作为标准来类分儿童图书馆。按照这种标准,儿童图书馆应分为:文化系统儿童图书馆、教育系统儿童图书馆、共青团系统儿童图书馆、工会系统儿童图书馆、街道系统儿童图书馆(亦称里弄系统儿童图书馆)、民政福利系统的儿童图书馆,以及个体举办的儿童图书馆。

B、"藏书范围标准",即以不同类型儿童图书馆的藏书内容为标准来类分儿童图书馆。依此标准划分的儿童图书馆类型主要有:综合性儿童图书馆(一般指各级公共少儿图书馆,少年宫(家)、少儿活动中心图书馆)、专门儿童图书馆(一般指玩具图书馆等馆藏单一性的儿童图书馆)、综合性学校图书馆(一般指中小学校图书馆)、专门性学校图书馆(一般指专业、职业学校图书馆)等。

C、"读者对象标准",即按不同类型儿童图书馆的不同服务对象来类分儿童图书馆。在这种类分标准下包括:公共儿童图书馆(省、市、区、县少年儿童图书馆及少年宫(家)、少儿活动中心图书馆)、中等学校图书馆、小学图书馆、幼儿园图书馆(室)、盲童图书馆、少数民族儿童图书馆等。

D."规模标准",此标准至今还是一个十分灵活的标准,不同的地区采取不同的划分标准。有的人认为应按照省市、地市、区县的行政级别来划定大型、中型、小型少年儿童图书馆,有的人认为应按馆藏图书资料的多少来划定儿童图书馆的大、中、小规模,有的人认为,应将级别、藏书量和馆舍面积等方面综合起来考虑,衡量和确定其大小。众论纷纭,莫衷一是。因此,这个标准在五、六十年代虽被利用过,但由于它的实用性不强,加之标准难于统一,所以逐渐被废置。

通过我们分析上述四种划分标准,不难发现,这些标准都在不同程度上侧偏于某一个单纯的衡量观点上,故而,它们均未能达到充分反映各类型儿童图书馆特点的目的。

我们认为,划分儿童图书馆类型应在尊重我国实际情况的前提下,综合已有的各种划分标准,客观、准确地将不同类型的儿童图书馆分别加以表示,这就是我们类分儿童图书馆类型的原则。根据此原则,结合各类儿童图书馆的隶属关系、藏书内容、读者对象等特点,我国儿童图书馆的类型可分为:公共儿童图书馆和学校图书馆二个基本大类。

三、我国儿童图书馆的基本类型

(一)公共少年儿童图书馆的基本类型

公共儿童图书馆系指面向社会开放,为广大儿童读者服务的图书馆。它包括省、市、区、县、街道、里弄等各级少年儿童图书馆,少年宫(家)、少儿活动中心(乐园)附属的少年儿童图书馆和为少数民族少年儿童服务的图书馆,为残疾少年儿童服务的少年儿童图书馆以及为低幼儿童服务的玩具图书馆等。

1.公共儿童图书馆的性质。

公共儿童图书馆基本上是由国家举办的,馆藏资料具有综合性,向全社会的少年儿童开放的社会文化教育机构。对此,我们曾在一个阶段里产生过一种认识,将公共儿童图书馆的性质视为儿童图书馆的普遍性质。

七十年代末、八十年代初,儿童图书馆的性质问题引起了儿童图书馆学术界的重视与争论。其中有代表性的观点是"文化机构论"、"教育机构论"两大派。尔后,居二派观点之上,又产生了"文化教育机构论"。

"文化机构论"者认为:儿童图书馆在我国自其诞生之日起,便主要隶属于文化系统,它的工作亦被列入社会文化工作之中。因此,它应当属于文化性质的机构。

"教育机构论"者认为:从儿童图书馆的主要服务对象来看,是以正在成长过程中的少年儿童为主,因此,儿童图书馆应责无旁贷地担负起教育广大少年儿童的任务,并需以此任务为其一切活动的中心,故而儿童图书馆系校外的教育机构。

"文化教育机构论"者认为:文化与教育二者是不可截然分割的,儿童图书馆从它的隶属关系来看,它是一个社会文化机构,但同时它肩负着利用优秀的书刊资料来教育广大少年儿童的任务,所以,它又是一个具有突出教育的机构,综合它隶属关系与社会职能,儿童图书馆应属社会文化教育机构。

我们认为,以上三种观点都有自己的认识依据,不过是所持的标准角度不同罢了。然而,那历时五载的关于"儿童图书馆性质"的争论,也确为今天我们正确认识其性质奠定下良好的理论基础。但是,无论"教育机构论"、"文化机构论"还是"文化教育机构论"却均忽略了一个重要的问题:即公共少年儿童图书馆的性质不能替代儿童图书馆的性质。其原因很简单,公共儿童图书馆的性质别于儿童图书馆性质之处,主要表现在儿童图书馆性质是代表着各类型少年儿童图书馆共同的、具有普遍意义的性质,它适合于儿童图书馆这个大系统中的任何一个类型的少年儿童图书馆。而公共少年儿童图书馆的性质则相形见微,只限于它自己的一个小系统内,即公共系统内适用,如若用此性质硬性地去包囊学校儿童图书馆的性质,显然不准确,也不科学。试想,假如给学校图书馆冠以"社会文化机构"、"社会教育机构"或"社会文化教育机构",那么就将学校这一机构的一个组成部分视做社会上的一个单独单位,将学校的教育视同社会教育,岂不混淆甚至抹煞了学校图书馆、学校教育独特的功能吗?

2.公共儿童图书馆的作用。

我国儿童图书馆事业的发展过程证明,由于公共儿童图书馆性质和客观条件,如经费、馆藏资料、专业人员数量和素质、建筑设备等优于其它类型的儿童图书馆。因此,一般情况下,公共儿童图书馆是本地区的藏书与编目中心,阅读辅导与业务指导的中心,儿童图书馆工作协作与协调的中心和学术研究的中心。

(1)它是本地区藏书与编目的中心。

公共儿童图书馆每年都有固定的经费,系统全面地收集本地区和有重点、有选择地收集全国各出版社出版的优秀少儿书刊资料。北京、天津、上海、湖南等省、市少年儿童图书馆还根据读者需求,采集入藏了较丰富的国外儿童书刊资料。为了充分揭示这些丰富的馆藏资料,公共儿童图书馆需要编制出各类书目,以供少年儿童读者使用。有些儿童图书馆事业发达的地区,其中心儿童图书馆已组织本地区的各类儿童图书馆编制了联合目录,尽最大努力地开发本地区的馆藏资源,实现资源共享的功能。

(2)它是本地区阅读辅导与业务指导的中心。

县级以上公共儿童图书馆我国现已有几百所,它们均在本地区的阅读辅导工作和业务辅导工作中起到了一个中心的作用。这些公共少年儿童图书馆通过自己专门的阅读指导部门和业务辅导部门,在本地区内树立先进典型,举办读书活动,开展义务指导、培训、评比工作等,从而推动了本地区儿童图书馆的教育工作、业务工作的建设。目前,如京、津、沪、沈阳、大连、湖南、广西、湛江、济南等省市的公共儿童图书馆,业务辅导和阅读指导的专业力量发展得非常迅速,各地区公共少年儿童图书馆间已普遍建立了业务联系,诸如跨地区的联合读书活动、联合辅导和经验交流愈来愈频繁,内容也愈来愈广泛,这些都说明了公共儿童图书馆在阅读指导与业务辅导方面不容忽视的地区中心作用。

(3)它是本地区儿童图书馆工作协作协调的中心。

公共儿童图书馆体现其协作协调中心的作用,首先在于它是本地区儿童图书馆网的组织者与日常工作的计划者和组织者。我国儿童图书馆间的协作协调初始于公共儿童图书馆间,尔后,随着公共儿童图书馆间协作的扩大,学校图书馆也纳入其中。地区中心儿童图书馆利用这张覆盖全地区的网络,颇有效益地完成着业务培训、业务研究的协调和馆际借阅、联合编目等协作工作。近年,地区性儿童图书馆网的协作协调内容已不能满足整个事业的发展需要,跨地区性的儿童图书馆协作组织便相继产生,如"华北、东北、西北少年儿童图书馆工作协作委员会","华东地区少年儿童图书馆工作协作委员会"及"中南、西南少年儿童图书馆协作组"等,这些跨地区的儿童图书馆协作组织,其核心体仍是各地区公共少年儿童图书馆。

(4)它是本地区儿童图书馆学的研究中心。

公共儿童图书馆的上述三方面作用,使得它同时具备了地区研究中心的地位。为了科学地开展藏书、编目、阅读指导、业务辅导和组织馆际协作协调等工作,公共儿童图书馆就必须不间断地有新的科学理论作为其运动的指南针。为此儿童图书馆学的学术研究便成为公共儿童图书馆片刻难于短缺的一项重要工作了,它们既要通过科学研究将实践与理论总结、升华为新的指导理论,同时又要通过学术讨论和提供出版专业学习参考资料,来提高其他类型儿童图书馆的工作水平,使本地区的儿童图书馆理论研究与实践工作同步得到发展。

(二)学校图书馆

1.学校图书馆的性质

学校图书馆,一般情况下我们指的是中小学图书馆。它系面向本校学生、教职工开放,为学校的教育教学服务的儿童图书馆。它是学校的图书情报资料中心,是任何学校不能短缺的重要教育机构。有些学者认为,学校图书馆的教育是课堂教育的延伸与扩大,所以,学校图书馆的工作应属于"第二线"工作,而不能将它与教研室的工作等同看待。这种认识曾在社会上造成相当大的影响,导致了一些地区轻视学校图书馆工作,降低了学校图书馆工作者地位的不良结果。与此相比,国外一些教育比较先进的国家对学校图书馆工作却给予了极大关注。例如,日本的《学校图书馆法》就明确地规定:学校图书馆是"在小学、中学及高中内,通过收集、整理和保存图书、视听教材及其它学校教育所必须的材料,以供学生及教员利用,藉以帮助学校共同把学生培养成全面发展的人才做目标而设置的学校设施。"据此可见,较为先进国家的中、小学校图书馆并非是可有可无的附庸,而是能帮助学校共同把学生培养成全面人才的必备基地。

一九八九年春,国家教委领导在首届"全国中小学图书馆工作会议"上的讲话指出:"我们现在不是强调要重视教育吗?重视教育,就要重视知识,重视知识就必须重视图书馆建设。"这位领导特别强调,"图书馆是一个很重要的教育机构,是学校不可缺少的一部分,图书馆工作人员待遇应该和其他教师一视同仁。"我们认为,国家教委领导同志对学校图书馆的性质确定,是非常准确的、科学的。作为一所学校的组成部分,学校图书馆不可能,也没有条件偏离开它的教育机构属性。从学校图书馆的工作内容及其过程上看,它固然有着辅助正课教育的作用,但它在扩大学生知识面、培养学生自幼掌握独立的自学本领的作用方面,却又是任何课堂教育所无法取代的。因此,学校图书馆属于教育机构,而且它的工作亦应属于科学文化教育工作范畴。

2. 学校图书馆的特点

学校图书馆的特点是其性质所决定的。总的来讲,它具有读者对象的局限性、读者队伍的稳定性、读者需求的阶段性和藏书的专业性等四个特点。

(1)读者对象的局限性特点

学校图书馆的读者对象不像公共儿童图书馆那样把从低幼到青年早期的孩子以及他们的家长、教师、服务者统统纳入到自己的读者队伍中来。相形之下,学校图书馆的读者用一句形象的话来讲,只限于它的校园围墙内,也就是说,仅仅局限于在校学生与教职员工。然而,随着世界上图书馆的总的发展趋势,学校图书馆的这种局限性会在不久的将来被打破,制约其服务对象的校园围墙亦将失去它界定学校图书馆服务范围的作用,真正地跻身到各类图书馆间资源共享的行列中。

（2）读者队伍的稳定性特点

学校图书馆读者队伍是比较稳定的。从学校的教职员来看，他们几乎可以认为是学校图书馆长期固定的读者，很少变化。从学校的学生读者来看，我国的小学一般为六年制，中学（完中）为六年制，也就是说每个学生读者至少在六年的时间里是图书馆的稳定读者。在这一方面，公共儿童图书馆读者队伍的流动性和学校图书馆读者队伍的稳定性形成了鲜明的对比。

（3）读者需求的阶段性特点

学校图书馆读者需求阶段性的特点是由于学校的教育、教学工作的阶段性所决定的。很明显，寒暑假期间，绝大多数师生对图书馆的需求内容与学期内师生的需求截然不同。而学期内的素日积累又与临考前总括复习的需求相异。因此学校图书馆读者需求的内容因阶段的不同而界线非常分明，并且各阶段的次序从不混乱，循环往复，年复一年。此外，这种阶段性，还表现在教师授业、学生学习的不同学级上。小学的初年级、中年级、高年级，中学的初中、高中等，其不同学习程度所需求的参考资料自然要有所变化。故而，学校图书馆需准确地把握读者需求的阶段变化规律，按阶段变化的节奏保质保量地为广大师生提供最佳服务。

（4）藏书专业性的特点

学校图书馆的工作目的终究是为学校的教育教学服务，所以，学校图书馆的藏书应围绕学校的教学大纲、教学计划和所设立的课程为主要内容，及时迅速地把师生所需的并且是经过图书馆认真筛选过的、高质量的书刊资料，提供给读者使用。所以，当我们评价一所学校图书馆的质量时，它的藏书能否符合教育教学大纲和各科需要，则成为重要的准则之一。

3.学校图书馆的作用

学校图书馆的职能作用需在它搜集、整理、保存、传播提供书刊资料的运动过程中来加以体现。它要清除有损青少年儿童身心健康的一切低级、淫秽、反动的图书资料,向广大师生宣传、推荐有益于社会主义精神文明建设的优秀读物,并引导他们深入阅读;它要为教师的进修、提高,学生们巩固课堂学习内容与进而扩大横向的科学文化知识面,搜集、整理和及时提供最新、最佳的文献。它还要对全校学生和教职员工广泛、系统地开展利用图书馆的知识、技能教育,从而令其逐步掌握独立学习新知识、新技术的本领。总而言之,学科图书馆是对在校的广大师生进行共产主义思想品德、科学文化知识及利用图书馆知识教育的良好场所。

第三节　儿童图书馆网

一、儿童图书馆网的概念

列宁认为:"我们应当利用现有的书籍,着手建立有组织的图书馆网来帮助人民利用我们现有的每一本书,应当建立一个有计划的、统一的组织,而不是建立许多平行的组织。"列宁的这种建立图书馆网的思想,实际上就是要求社会主义国家的图书馆充分体现出社会主义本领,利用图书资料教育群众,宣传群众,为广大人民服务。我们应当以列宁的建立馆网思想为发展儿童图书馆间协作协调关系的指导理论,有计划、有步骤地实现中国儿童图书馆的网络化和儿童图书馆与全国图书馆网络化的宏伟蓝图。

下面,我们先来正确地认识一下什么是图书馆网络。

"网"字,我国自古有之,本字作"罔"。《易经》:"作结绳而为罔罟,以佃以渔。"做捕鱼和鸟兽的工具讲。而楚辞《九歌·湘夫人》中:"罔薜荔兮为帷。"又当连结讲。我们认为:图书馆网的网字含义二者兼之。它既可用作动词,说明儿童图书馆间的合作、连结过程,又可作名词"网"讲,说明图书馆合作、连结的结果。因此,所谓图书馆网,指的是将各类型、各级别的图书馆有组织、有领导、有计划地紧密地联系起来,形成一个既有分工又有协作,纵横交错、脉络贯通的图书馆体系。

从图书馆网的概念中我们可以看出,一个符合科学标准的图书馆网络必须具备如下四个条件:

A、有严密的组织

图书馆网不是图书馆间的一般松散的联合与协作,它打破了我国图书馆事业上纵向的条块分割结构,在横向上建立起图书馆之间的业务与组织联系,凡是参加图书馆网的各类型图书馆,都必须承担一定责任,完成交派给自己的任务。图书馆网设立有中心机构,在中心机构内有专职的工作人员来推行、落实馆网计划,促进馆际协作协调和办理馆网日常工作。

B、有统一的领导

图书馆网的领导集团是由地区中心图书馆及在地区内起主要作用的各类型图书馆组成的。图书馆网成员馆有服从图书馆网领导集团统一领导的义务和完成领导分派的诸项任务的义务。图书馆网的领导核心,要对整个图书馆网负责,定期检查馆网工作,制定馆网发展规划和审议馆网活动等,从而保证图书馆网形成一个分工清晰、协作严密的有机整体。

C、有科学的计划

图书馆网的工作要有一个统筹的规划和安排。它既要制定一个时期的工作计划,又要做出长远的发展预测,以达到采用集中化措施,实现成员馆间最大限度的资源共享目的的。

D、有各类型、各系统的图书馆参加

作为一个地区的图书馆网来讲,它并非是一部分图书馆间的简单合作,它形成的基本条件即要求各系统、各类型的图书馆的大联合,否则,便根本提不到纵横交错地编织起一个网络系统来。在这个问题上,一些人错误地把图书馆间的"合作"与初级"联合"看成是"图书馆网",因此造成"网非网"的谬果。图书馆合作,实际上指的是极少数的图书馆之间,在单纯的一项或几项业务方面的协作活动,而"图书馆联合",虽其在协作规模与范围上较之"图书馆合作"更广大,但由于它并非是各系统、各类型图书馆参加,且缺乏正规的组织、管理制度。因此,仍难于编织成网,具有网的性质与职能。

我们认为,除上述四个条件外,图书馆网的形成还需要有统一的思想认识基础,这是非物质性而又在某种程度上决定物质条件的思想条件。因为,如果缺乏必要的统一认识基础,或者对建立图书馆网、实现资源共享的意义尚未认识透彻,那么,一旦狭隘的本位主义思想泛滥,就会诱发图书馆网的松散、动摇甚至倒退。所以,只有当各系统、各类型的图书馆都统一在列宁同志建立馆网的指导思想之下,才有可能义无反顾地建立起巩固的图书馆网来。

图书馆网的概念及其成网条件告诉我们,儿童图书馆网的概念应是由各类型、各级别儿童图书馆有组织、有领导、有计划地紧密联系起来,所形成的一个既有分工、又有协作,纵横交错、脉络贯通的儿童图书馆体系。它是我国图书馆网的一个不可缺少的组成部分,亦即为我国图书馆网系统中的一个子系统。

严格地讲,截止到目前我国还没有一个完全合乎馆网要求标准的儿童图书馆网。即使在儿童图书馆事业发展较为迅速的天津、辽宁及湖南等省市,其馆网也仅形似而已。原因主要在于:

(一)分属各系统的儿童图书馆思想认识不统一

分属各系统的儿童图书馆,由于它们在规模大小、藏书多少等方面存在着差异,以及由于思想认识上的某种局限,使其对实现资源共享,最优秀地为读者提供服务的意义缺乏深刻理解,因此造成大馆不愿意与小馆联合,条件较高的馆鄙视条件较低的馆,勉强的馆际联合尚可维持,但进一步发展为结网,便踌躇不前了。这里,我们特别需要指出的是,本位主义、唯我至上的思想不仅仅各系统所属的儿童图书馆存在,就是在有些系统的领导层中也有存在,甚至十分严重。在这些患得患失、将本位利益抬举到事业利益之上的领导者面前去谈建立起儿童图书馆网的意义,显然条件不成熟。

（二）我国儿童图书馆事业起步晚,事业发展不平衡

一般来说,儿童图书馆网的建立都是以其事业高度发展为基础的。我国的儿童图书馆事业发展大大落后于国外一些先进国家,从数量上、质量上看,也仅处在初级阶段的水平上。以北京市为例,公共少年儿童图书馆（区、县级以上）只有五所,藏书不过百万余册。凭借这种条件,我们匆忙地要求他们实现儿童图书馆网络化,确实会产生欲速不达、建"网非网"的结果。

（三）缺少牵头馆和必要的物质条件

省市级的少年儿童图书馆,目前我国只有京、津、沪、湖南、广西、河南等六所,其他省、区则还是利用省、区公共图书馆来替代同级少儿图书馆承担着对基层的辅导工作。因此,以省区为单位建立省级儿童图书馆就缺少有力的牵头组网机构。此外,建立儿童图书馆网所需的财力、人力均有一定要求,而现阶段的各类型儿童图书馆人力不足,财力亦有限,倘若再为建网抽调部分人力和财力,便会适得其反地影响它们的自然发展。

综上所述,我国儿童图书馆间的合作,当前只是发展到了图书馆"联合"的高级阶段,它暂时还需等待建网条件的进一步成熟。我们认为,任何事物的发展都有它自然的发展规律和一定的过程,违背事物的这些客观规律,生硬地套搬模仿,绝非我们对待人民事业的科学态度。

二、儿童图书馆网的类型

图书馆网分为二种类型:一是图书馆事业网,一是图书情报的电子计算机检索网。儿童图书馆网作为图书馆网的一个组成部

分,势必亦应存在其事业网和计算机检索网二种类型。

儿童图书馆事业网就是将分布在各系统、各地区、各类型的儿童图书馆纵横交错、脉络贯通地组成为集中统一领导的全国性儿童图书馆网络。

儿童图书馆情报电子计算机检索网,即在各系统、各地区儿童图书馆事业网形成的基础上,选择全国的、地区的和系统的重点儿童图书馆作为中心,利用电子计算机存贮、检索,并围绕这些中心分设若干个中心与终端,形成少儿图书、情报资料的存贮检索和机读目录的网络。

正如文化部图书馆司司长杜克同志所指出的:"从本来的意义上讲,图书馆事业网和计算机检索网是不同的两回事。但随着现代科学技术的迅速发展,它们两者之间的关系越来越密切,不能把它们分别单独考虑。图书馆事业网为计算机书目检索网的形成奠定了组织基础,而计算机书目检索网络的建立又会促进图书馆事业网的进一步发展。这是当代图书馆事业发展中的重要特征和共同趋势。"总结概括儿童图书馆事业网和儿童图书馆书目检索网的关系,我们可以认为,儿童图书馆事业网是计算机书目检索网的基础,书目检索网为其事业网提出了新课题,是事业网发展的动力,二者互相辅成、互相促进地组成我国儿童图书馆网系统。

儿童图书馆事业网的结构分经、纬线两方面。经线即指纵向的、按领导关系和专业性质组织起来的各系统的儿童图书馆;纬线即指横向的,按行政区域通过馆际协作和业务辅导关系组织起来的各系统、各类型的儿童图书馆。如此经线与纬线交叉编织,纵横交错地组成了儿童图书馆经纬网。

从图示我们可以看出:

儿童图书馆的图书情报检索网以其事业网为基础,分四级构成(或根据条件与需要增加)。第一级为国家检索中心级,第二级为地区检索中心级,第三级为联合机构检索中心级,第四级为用户

儿童图书馆事业网

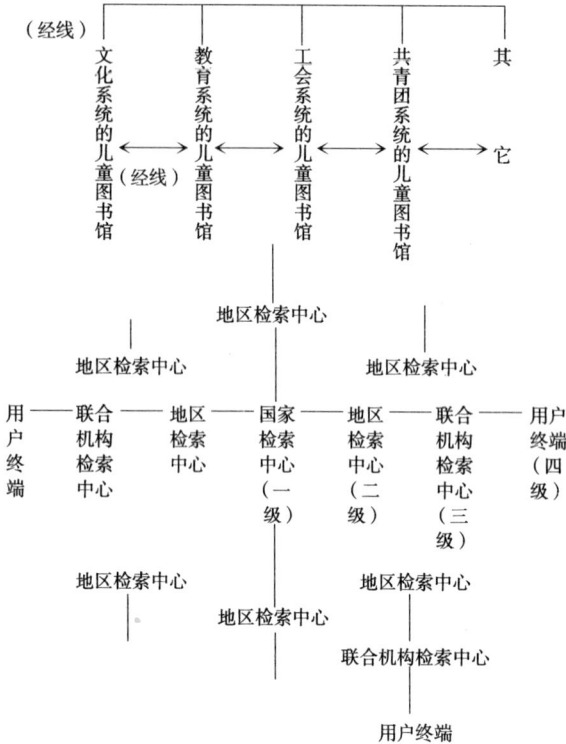

终端级。第一级与第二级之间应采取放射状布局;第二级的各检索中心之间、第三级的各联合机构之间以及它们与用户终端之间应采取直线型布局。

这种结网方法的优点在于:它既有严整的统一性,又有灵活的独立性,并从布局结构上保证了网络集中化的领导、组织和技术标准,同时也促进了地方主观能动性的发挥,增加了社会和经济效益。

三、儿童图书馆网的职能

前面我们讲过,实现资源共享是图书馆网建立的最高目的。因此,儿童图书馆网的职能应围绕着这个最高目的来发挥。从目前我国的情况看,儿童图书馆事业网正处于建设阶段,图书情报检索网还需等待条件去设计,故而,我们是否能够准确地认识儿童图书馆网的职能,就显得尤为重要了。

儿童图书馆网的职能,主要是:

1.逐步协调本地区各类型儿童图书馆的图书资料采集工作,避免各儿童图书馆间在采集图书资料工作中出现的大量重复、漏购现象,使各儿童图书馆形成自己的藏书特点,并进一步建立起本地区儿童图书馆的完整藏书体系。

2.为了提高儿童图书馆的藏书利用率,充分满足广大儿童读者的需求,儿童图书馆应组织本地区各类儿童图书馆编制联合目录,以便开展馆际互借活动。

3.组织本地区各类型儿童图书馆业务人员的不同层次的业务培训、进修和开展本地区馆际之间、本地区与其他地区间经验交流活动。

4.有计划、有步骤、有领导地进行儿童图书馆学的研究,通过新理论、新技术方法的推广应用,提高本地区儿童图书馆工作水平。

5.采取集中化措施,逐步实现本地区图书资料集中采集,书刊文献集中分类、编目,使整个地区业务工作规范化、科学化。

6.在条件成熟时,建立本地区储存图书馆,收藏各类儿童图书馆剔旧与多余复本书刊资料。

儿童图书馆网的各项职能,充分地体现出儿童图书馆网的建立,就是为了消除本地区各类儿童图书馆的单干、散漫状态,将不同系统、不同类型、不同级别的儿童图书馆从地区到全国范围地组成为一个联系紧密、服务效益优秀的整体。

四、我国儿童图书馆网的建设

我国儿童图书馆网的建设是一项长期、艰巨、复杂的工作。为了尽快地将我国各类型儿童图书馆联结成网络,我们必须从眼下做起,努力完成下述任务。

（一）积极发展各种类型的儿童图书馆

儿童图书馆网是由儿童图书馆组成的,因此,积极发展我国的儿童图书馆事业建设,便成为建立馆网的前提条件。但是,这种发展应当有其完善的计划和必要的物质条件,那种超越自身经济水平,不顾是否具备建馆条件,一哄而起的做法,不但不会给事业带来发展,相反会造成事业的损失。例如,某些地区就曾一度掀起建立街道儿童图书馆的"热潮",在不长的时间里,各街道纷纷动员,并抽调人力、物力购书建馆。然而时过境迁,这些匆忙建起的儿童图书馆由于缺乏经济保障,又都一所所地关闭或并转入其他行业中。它们所收藏的书刊资料有的遗失,有的封存,直接损失和不良的社会影响都非常大。因此,我们认为,在积极发展各种类型的儿童图书馆的同时,必须设计出稳妥的发展计划和特别重视原有儿童图书馆的巩固建设,不能建一批倒一批,更不能建成后形同虚设,毫无社会效益可言。

近十年间,我国各地区在制定本地儿童图书馆事业发展计划时,曾经多次为"应建大型儿童图书馆,还是应建小型儿童图书馆"的问题产生争论。我们认为,无论是建立大型儿童图书馆还是建立中小型儿童图书馆,都应首先立足于本地区的经济、文化条件,并将眼前的建设与长远的规划结合起来考虑才最为稳妥。经济、文化比较发达的地区,可以先建大型的地区中心儿童图书馆,并以此为基础,配套建设中小型儿童图书馆;经济、文化不很发达的地区,则可从建立一些中小型儿童图书馆入手,解决急需,一俟客观条件成熟,再建立起主导作用的大型中心儿童图书馆。总而言之,我国领土幅员辽阔,各地区情况差异较大,如何发展儿童图书馆建设,自然不能机械地一概而论。

此外,根据我们国家的经济条件,单纯地依靠国家拿出钱来迅速兴办许多儿童图书馆是不可能的,所以,我们还要利用国家、集体、个人三结合的办馆办法,由国家、集体和个人分别承担起交办儿童图书馆的任务,这样我国的儿童图书馆事业建设才有可能在短期内出现大的飞跃。我们应以列宁同志的希望:"每个居民在很近的活动范围里(1.5—2俄里)便可利用到图书馆"和当前一些先进国家中"儿童图书馆像邮筒一样多"的理想局面,作为我们儿童图书馆事业建设的奋斗目标。

(二)积极发展儿童图书馆间的协作关系

我们知道,仅仅有足够数量的儿童图书馆,而没有将这些数量众多的儿童图书馆组织成为一个既有分工、又有协作的整体,仍不能成为儿童图书馆网。目前,虽然我国大部分地区都开展了不同程度的儿童图书馆网建设,但是,儿童图书馆网的协作关系却没有普遍建立起来。为数不少的少年儿童图书馆,还沿袭着传统的单干思想,习惯于孤立的工作方法。为了打破这种闭关自守的局面,辽宁、天津、湖南、石家庄、无锡等省市正在积极地建立、开展本地区的儿童图书馆协作协调活动。它们的协作内容既丰富又有实际意义,例如,天津小学网片的阅读指导工作和中学网片的读者服务、联合编目及联合流通的协作协调工作,就搞得很出色;无锡市的特点是在协调各类儿童图书馆基本建设的基础上,建立不同类型儿童图书馆管理委员会,然后通过委员会的工作,进而统一各馆的运动步调;石家庄市则重点狠抓了学校图书馆网的建设,现已初步做到学校图书馆有工作条例保证,有统一的工作计划和组织分工,因此,该市的学校图书馆建设发展速度十分惊人。辽宁和湖南两省的公共儿童图书馆网也正在逐步形成,它们的协作内容相当广泛,从学术研究到读书活动,几乎一切可以联合协作的内容都包括在馆网的工作之中。各地区儿童图书馆网的建设有力地推动了跨地区儿童图书馆间的联系,当前,一些跨地区的协作组织已经建立,如"华北、东北、西北少年儿童图书馆工作协作委员会"、"华东地区少年儿童图书馆工作协作委员会"及"中南、西南少年儿童图书馆协作组"等。这些协作组织,在其所负责的地区内组织了大量的编目、培训、学术研究等协作活动,使成员馆充分地感到了资源共享的优越性和互相协作、统一协调的巨大力量。这里应该指出的是,我国现今仍属农业国家,农村人口和农村面积均占相当大的比例,因此,如何将散落在广大农村地区的儿童图书馆组织起来,开展协作协调活动,是我们当前所面临的主要任务之一。上述跨地区的儿童图书馆协作组织和目前地区性的儿童图书馆协作活动,都还局限在城区范围内,均未能将农村儿童图书馆的协作协调纳入自己的计划之中。诚然,农村的各类型儿童图书馆(如中小学图书馆、乡队开办的儿童图书馆等)由于其分布广泛,距离城区偏远和交通不便等问题,造成了网络联系上的一定困难,但我们相信随着我国城乡建设的发展和我们工作积极性的充分发挥,这些困难还是可以克服的。总之,农村的儿童图书馆是我国大多数少年儿童读书学习的场所,也是我国儿童图书馆事业网的宏大基础,如果我们在建网的过程中无视或抛弃它们,那么就丧失了建网的根本意义。

纵观我国现阶段儿童图书馆网的建设,我们认为,这项工作中还存在一些问题:

1. 一些地区尚未确定中心儿童图书馆,因而造成儿童图书馆网建设推进缺少牵头部门的弊端。

除去我国现有的、建馆初期便十分明确其中心地位的省市级儿童图书馆外(如京、津、沪、广西、湖南等省市儿童图书馆),大多数地区的儿童图书馆还处于平行状态。例如,某地的八所市级儿童图书馆,究竟哪一所作为全省的中心儿童图书馆,至今尚不明确。他们的工作,只得按照历史习惯,权且以某馆作为中心儿童图书馆。实际上,这种按照不成文的习惯认识而认定的中心少儿馆,往往在发展不顺利之际,其所谓"中心馆"的地位便会被动摇,工作亦势必要受到影响与损失。因此,一个地区的领导部门应在本地区没有中心儿童图书馆的情况下,尽快建立中心儿童图书馆;而在本地区已有多所平行儿童图书馆的情况下,迅速选择一所从其藏书数量、内容与规模、人员素质等方面来讲,可以起到中心作用的儿童图书馆,确立其中心地位,并敦促它发挥中心儿童图书馆应有的作用。

2. 在各地建设儿童图书馆网的工作中,缺乏长远的计划。

我们发现,即或一些儿童图书馆网建设较成熟的地区,其馆网建设也缺乏长远的规划。这样做的结果,自然会导致馆网工作的不稳定性。俗言道:千里之行,始于足下。我们无论做什么工作,如果单纯地考虑眼前,而没有一个长远的、统一的计划,那么,即使眼下工作轰轰烈烈,亦不过昙花一现而已。甚至有时眼下的工作搞得规模越大,对未来造成的危害愈深,这类教训在我们的工作实践中是不少的。例如,某地区的中心儿童图书馆曾提出基层儿童图书馆的基本建设要求,但由于这个要求标准没有考虑到本地区的客观条件和发展变化,因此,实施不久,该要求标准便不能继续适用,如果对它重新修定,则又会造成各基层馆帐目、类分图书、编目工作的大量反复与经济损失,结果该地区工作一度陷入混乱,甚至出现倒退。所以,我们在进行儿童图书馆网建设之际,一定要把眼前的工作与未来的计划结合在一起,既不能把它们分开,更不能只顾眼前一时之需,而将未来的整体计划掷诸脑后。

3. 要特别注意协作内容的均衡性。

儿童图书馆间的协作协调内容是极其广泛的。为了尽快地建设成我国儿童图书馆网络,我们目前馆际协作的内容就必须注意其均衡性,亦即各项工作的均衡发展。但是,有些地区在开展儿童图书馆协作时,一味地注重开展读书活动这个单纯的内容,似乎我们建网的目的就是为了搞较大型的读书活动。这种错误的认识,致使馆际协作内容贫乏、单调,很难维持长久。我们应该明确,儿童图书馆间的协作是包括学术研究、队伍建设、藏书利用、科学管理等诸多内容的工作大联合,只有这种工作方方面面的大联合,才有可能充分地开发每一所儿童图书馆的全部资源,为广大读者服务。倘若我们仅注意工作的某一方面或某一个点的联系,而丢掉了全面的联系,那么,这一点的工作内容在其失掉了其他方面的配合时(如研究工作对社会活动的指导,藏书为活动的利用等等),它既不会出色,也不会长久,最终还会导致儿童图书馆网全面建设的半途而废。

上述三方面问题,是当前我们建设儿童图书馆网时表现较突出的问题。其他方面诸如建网时的急躁病、单纯追求工作形式而忽略实质内容等等问题在此就不一一赘述了。总之,建设我国儿童图书馆网是一项伟大而艰巨的工作,尚需我们为此付出不懈的努力,但我们相信,这些努力在不久的将来一定会结出丰硕的成果。

第四节　儿童图书馆法

儿童图书馆法,即关于儿童图书馆的法律。那么,什么是法律呢? 法律一词由"法"和"律"二字组成。"法"字本作"灋"(音凡),《周礼·天官·小宰》"以法堂祭祀、朝觐、会同、宾客之戒具",《荀子·五制》:"法不贰后王"和《韩非子·和氏》:"燔诗书而明法令"中的"法"字,均作为法令、法律、制度讲。"律"字,在《荀子·成相》:"罪祸有律,莫得轻重威不分"和《汉书·高帝记》："命萧何次律令"等文中均亦做法律、法令讲。"法"和"律"虽都做法律、法令、制度讲，但"法"所指的范围大，多偏重于法令、制度；"律"所指的范围小，多着重于具体的规则、条文。所以，"法律"一词，我国古代多指刑法或各种律令，如《管子·七臣·七主》："夫法者，所以兴功，暴也；律者，所以定纷止争也，今者，所以令人知事也；法律政令者，吏民规矩绳墨也。"随着人类历史的不断发展，"法律"一词方演变为今天的含义，即泛指各种法令、法规。

但是，法律同国家一样，它不是人类社会从来就有的社会现象，而是社会发展到一定阶段，即出现了私有、阶级和阶级矛盾之后，为保证其统治阶级利益而产生的一种历史现象。列宁同志在《矛盾的立场》一文中曾精辟地指出："意志如果是国家的，就应该表现为政权机关所制定的法律，否则'意志'这两个字只是毫无意义的空气震动而已。"因此，法律的定义，我们应该总结为，它是统治阶级公开强调执行的所谓国家意识形态。而图书馆法的概念，依据马克思主义的指导思想，则应为：由立法机关制定，由国家政权保证执行的关于图书馆事业及其工作的法律、法令和制度。

儿童图书馆法是图书馆法不可缺少的一个重要组成部分，因此它的概念自然应该是：由立法机关制定，由国家政权保证执行的关于儿童图书馆事业及其工作的法律、法令和制度。

儿童图书馆法和我们国家制定的其他各种法令性质一样，具有着强烈的阶级性、强制性和统一性。所谓阶级性是指，不同制度国家的儿童图书馆法，体现着不同制度国家对儿童图书馆的政策，而这些政策与法律，又都是国家意志（即统治阶级意志）的集中表现。例如，社会主义国家的儿童图书馆法就严格地规定了儿童图书馆的性质，是为了广大少年儿童服务的社会主义国家文化教育事业的组成部分，它的办馆方针和任务即为社会主义国家培养全面发展的无产阶级接班人。而资本主义国家的儿童图书馆法则恰恰相反,它不仅掩盖了图书馆的阶级作用,而且回避了儿童图书馆工作的性质、方针和内容,仅仅将儿童图书馆的组织技术当做纯粹的法律问题来对待。所以说,儿童图书馆法实际上就是一个国家统治阶级的意志在儿童图书馆事业与工作中的具体体现,它有着不容否定的阶级性。所谓强制性和统一性,则指的是儿童图书馆法一经国家立法机关批准颁布,它就具有神圣不可侵犯的地位,各类型、各系统、各级别的儿童图书馆必须按照它的规定去开展各项工作,任何超越或违背这个准则的行为,都将被视为触犯法律,而受到法律的制裁。因此,我们制定儿童图书馆法的根本意义就在于它反映了广大人民的意志,维护了广大少年儿童利用图书馆的权利,保证了社会主义儿童图书馆事业健康发展。

图书馆法的出现有着较悠久的历史,世界上经济文化比较发达的国家,早在一个世纪前便制定了各种图书馆法规。例如美国,1845 年便有了纽约州的图书馆法,1956 年又颁布了全国的《图书馆服务法》;

英国 1850 年公布了《公共图书馆法》,在此之后,历经多次修改,并于 1964 年和 1972 年先后颁布了《公共图书馆与博物馆法》和《大英图书馆法》;

日本 1899 年公布了图书馆法令,1950 年和 1953 年又公布了适用于公共图书馆的《图书馆法》和适用于学校图书馆的《学校图书馆法》;

苏联在 1920 年间,由列宁同志亲自领导制定了《关于集中管理俄罗斯苏维埃社会主义共和国图书馆事业》的法令后,又于1934 年颁布了《关于苏维埃社会主义共和国联盟的图书馆事业的法规》。

此外,瑞典(1950 年)、丹麦(1964 年)、芬兰(1963 年)、捷克斯洛伐克(1959 年)、波兰(1968 年)、德意志民主共和国(1968年)、保加利亚(1970 年)等国家也都先后颁布了图书馆法规。

我国最早制定的图书馆法是 1909 年(宣统元年)学部奏拟的图书馆章程,后于 1915 年由教育部又先后颁布了《通俗图书馆规程十一条》和《图书馆规程十四条》。新中国建立以后,党和人民政府对我国图书馆事业建设给予了充分的重视,曾先后颁布各类关于图书馆事业的文件、条例、规定、办法等近二十种,其中如中共中央书记处通过的《图书馆工作汇报提纲》等文件中,都特别强调了儿童图书馆事业建设问题。但令人遗憾的是,儿童图书馆还不能像高等院校和普通公共图书馆、工会图书馆那样具有自己的、全国性的一部法规。至今为止,仅天津市人民政府颁布了一部适用于公共儿童图书馆的《天津市市、区、县儿童图书馆工作条例》。它是我国图书馆事业史上第一部由政府正式颁发的地区性的公共儿童图书馆法。至于学校图书馆法的制定,也仅有天津、无锡、辽宁、南京、石家庄等为数极少的省市有专门工作条例。可见,在我国为儿童图书馆立法的工作还十分艰巨,为此我们尚需去做大量认真、彻底、细致的调查工作,并在充分调查的基础上逐步制定出一套适合我国国情的儿童图书馆法律体系来。

在我们制定儿童图书馆法的时候,应特别注意其内容必须包括以下几点:

1. 儿童图书馆的性质、方针和任务;

2. 儿童图书馆的服务对象;

3. 儿童图书馆的经费及其来源;

4. 儿童图书馆服务内容及其标准;

5. 儿童图书馆的资源建设与布局;

6. 儿童图书馆工作人员编制与素质;

7. 儿童图书馆的机构设置与建筑设备;

8. 各类型儿童图书馆发展和布局的规定;

9. 儿童图书馆各项业务技术标准;

10. 儿童图书馆事业管理体制;

11.儿童图书馆网的建设与发展。

总之,通过本节关于儿童图书馆法的探讨,我们可以较清楚地认识到,儿童图书馆法是儿童图书馆事业的基本保证,如果我们在发展事业的时候,忽略了对事业的立法工作,那么,儿童图书馆事业便会成为空中楼阁,随时都将遭到挫折和破坏。

第四章 我国儿童图书馆的发展概况

第一节 我国儿童图书馆的发生

我国的儿童图书馆是在近代成人图书馆获得较大发展之后而发生的。因此,在它身上,至今仍或多或少地保留着某些成人图书馆的烙印。如沿用成人馆的分类方法,模仿成人馆的建筑布局和组织形式等。这些都说明了它与成人图书馆有着千丝万缕的血缘关系。所以,在分析我国儿童图书馆事业发展历史之前,我们认为有必要介绍一下成人图书馆的发展历程。

一、我国图书馆事业发展简况

图书馆作为一种社会文化现象,它是由于文献的出现而产生,又伴随着科学文化的进步而不断地变革和发展的。可以说,文献是图书馆产生的前提条件,而文献的大量积累和交流过程中出现的种种困难,又是导致图书馆产生的最根本的社会因素。

我们知道,人类在共同的社会劳动中,需要不间断地进行物质和精神方面的交流,这种交流主要有两种形式:一种是直接交流,一种是间接交流。所谓直接交流,是指通过人与人之间的直接接触而产生的交流,例如人类之间的言语交谈、表情对其情绪的反映等,都属直接交流。所谓间接交流,是人们通过辅助工具而产生的交流,例如利用书刊、报纸、广播电视等媒介而进行的交流,都属间接交流。无论人类的直接交流,还是人类的间接交流,它们都是为了实现人类大脑思维的有效"呼吸"。人类的祖先正是由于这种思维"呼吸"的需要,才创造了语言,继而又在对语言这个交流工具不能满足交流需要的情况下,创造了文字。所以,从某种意义上说,文字的发明较之语言更为重要,因为它不仅克服了语言交流(直接交流)中时间与空间的局限,使其积累下来的劳动经验和知识成果得以世代相传,而且大大提高了人类交流的深度和广度,同时为文献的产生奠定了基础。

有了文献,为了使它能够广泛、长久地流传,就需要有保存文献的场所,这样便产生了最初的图书馆。据《吕氏春秋·先识览》中记载:"殷之将亡,内史向挚见纣之愈乱迷惑也,于是载其图法,出亡之周。"这里的商之图法,我们可理解为档案文件。据此而知,早在商代我国便已开始了典籍文献的收藏工作,这些收集、存储文献典籍的场所,我们则可视为是古代最早的图书馆了。

由于最初的图书馆为少数统治者阶层所垄断,仅以收集和保存文献为目的,故而我们将那些藏书的阁、斋、院、亭等所在,习惯上统称为"藏书楼"。

我国古代的图书馆发端于奴隶社会,发展于封建社会。据史料记载,公元前六世纪西周时期的"盟府",是我国图书馆最早的雏形。掌管图书馆的人被称为"史"。战国时期,诸子百家纷纷著书立说,致使社会文献量激增,图书馆也相应进入了一个发展时期。公元前211年,秦始皇在咸阳阿房宫内设置了藏书机构,并于此基础上建立了当时的国家藏书机构——石渠阁,但秦始皇的暴政和焚书坑儒的浩劫,并没有因为他建立了藏书机构,而使图书馆有较大的发展。在此之后,汉代的刘向、刘歆父子根据我国天禄阁的藏书,编制了我国第一部国家藏书目录——《七略》,这既是中国历史上的第一部图书分类目录,同时也是世界上最古老的图书目录。魏晋南北朝时期,由于得益于造纸术的传播,抄书人多了起来,加之书店的出现,一时间民间藏书之风盛行,其可谓"四境之内,家有文史"。此时,图书馆馆长已不再称作"史",而改称为"秘书郎"或"秘书监"。

从隋朝起,对"异书"(既稀有之书)的搜集成了国家图书馆的一大任务。为了搜集这些"异书",当时的统治者甚至不惜以一匹绢的代价换取一部书。至唐,玄宗皇帝为此还下令设立修书院,专门负责抄录书籍。据史料记载,当时仅在长安抄成的书籍就有五万一千多卷。宋代,毕升发明了活字印刷术,这在客观条件上大大促进了图书出版数量的增加,而图书出版量的迅速提高,又必然进一步刺激图书馆数量增长,因此,自宋至明清,我国不仅出现了一大批颇负盛名的官办图书馆,如宋代的崇文院,元代的宏文院、艺林库,明代的文渊阁,清代的文津、文源、文溯、文渊四阁等,而且私家藏书现象亦逐渐普遍,其中以著名刻书家毛晋、范钦为最。毛晋的私人藏书居然多达八万余册;名人范钦的私藏图书也高达七万余册,他的这些书后来全部藏入天一阁,成为我国古代图书保存最完整的图书馆。需要特别指出的是,在这一漫长的历史时期内,图书馆(藏书楼)始终奉行着为少数统治者服务的办馆宗旨,它们不对广大人民开放,因而,在很大程度上限制了其作用的有效发挥。

清以后,由于西方资本主义列强对我国的全面入侵,导致了我国不仅在政治、经济上的半殖民地化,而且其封建文化也日益衰败。在这场重大的社会变革中,一些知识分子迫切要求了解政治、经济、时事和国外情况,但苦于经济条件所限,又不能购置大量的所需书刊资料,因此,他们强烈地要求公开公、私藏书。于此之际,社会的进步需求,为西方图书馆经验的传入提供了机会,中国传统的图书馆事业终于难以维持其"封闭政策",它在社会的冲击下,自身发生了一场彻底的革命,即一改过去封闭、落后的传统办馆思想,开始面向社会,面向民众,从而拉开了我国近代图书馆事业为社会服务的序幕。我国儿童图书馆正是在这样一种有利的社会土壤和发生环境的条件下,破土萌生,独树一帜。

二、我国儿童图书馆的发生与发展

我们的儿童图书馆事业形成了二十世纪初叶,虽较之欧美起步较晚,但它的出现毕竟使我国图书馆事业史上增添了重要的一页。时至今日,当我们回过头来研究其萌芽时期的历史时,就会发现,我国的儿童图书馆事业之所以能在本世纪初逐步兴起,并形成较强的势力,与文化教育及新闻出版事业的发展状况有着密切的联系。

(一)西方机械印刷术的传入促进了中国出版业的发展。

十九世纪末,中国印刷史上出现了一次重大的变革,那就是西方机械印刷术传入我国,并很快替代了我国传统的雕版印刷,成为图书出版的主要方法。随着这种省时、省力的机械印刷技术在我国出版业上的实践应用和推广,特别是新式学校建立后,教科书、地图、教学参考资料以及各种商业印刷品,诸如股票、证券、广告等需求量的日益增多,不仅使这种新式印刷技术得到巩固与发展,而且亦使我国的印刷出版业有了很大的改观,出版质量和速度较之过去明显提高。同时,在资产阶级民主思潮的影响下,报纸、杂志和书籍等出版机构也相继出现,它们的出版物都采用机械印刷的方法,这在客观上既促进了新式印刷技术的发展,又刺激了新的印刷机构,如书局、印书馆、出版社的产生,致使新式印刷业和新式出版业迅速地成长起来。尤为令人欣喜的是,这一时期儿童文学作品,诸如连环画、通俗读物、儿童刊物以及教学参考用书的数量亦有了明显的增加,超过了历史上任何一个时期,并出现了一批如《小孩月报》、《蒙学报》、《蒙学画报》等深受幼儿读者欢迎的刊物。商务印书馆和中华书局是我国早期兼营儿童读物的主要出版社,辛亥革命前后,它们为我国儿童提供了数以百计的文学作品,其中商务印书馆的《小学生文库》、中华书局的《万有文库》曾经为中小学图书馆(室)的建立起到了基础作用。儿童读物数量的大幅度增长,说明了由于印刷技术及效率的提高,出版界已经有能力顾及儿童书刊的出版发行工作了,这无疑对扩大儿童学习、求知的领域,丰富孩子们的阅读内容起到了积极的促进作用,同时也为儿童图书馆的产生准备了必要的物质条件。

(二)改良主义者积极倡导近代图书馆事业,为儿童图书馆的兴办奠定了重要的舆论基础。

随着近代西方列强的侵略加剧,以康有为、梁启超为代表的改良主义者,深感民族的生存危在旦夕,他们以振兴中华为己任,积极主张学习西方的自然和社会科学成果,并希图通过"教育"的手段来达到"启迪民智"的目的。在这种文化教育救国思想的指导下,"图书馆"作为西方文化教育的重要设施而较早地为其所注意,他们一方面热情地将西方图书馆事业及图书馆技术介绍到中国来,另一方面又以"救国必先治学,治学必建向社会开放的藏书楼(即图书馆)"为依据,积极倡议兴建近代公共图书馆,这对于我国近代图书馆事业起到了巨大的推动作用。在此潮流的冲击下,在改良派教育救国的理论的影响下,作为图书馆事业重要组成部分的儿童图书馆,也必然要引起人们的重视。国内的一批主张教育从儿童抓起的有识之士也纷纷响应,他们以"书之备与不备乃学问之关键"为依据,倡议开办儿童图书馆,以提高儿童的文化素养。这里需要特别指出的是,由陆费达主编的《教育杂志》就曾多次为出版儿童文学读物和开办儿童图书馆大肆呼吁,起到了很好的舆论宣传作用,其结果不仅为其赢来了众多的支持者,而且亦进一步为儿童图书馆的产生创造了有利的社会条件。

(三)教育界及图书馆界人士积极探讨和扶植儿童图书馆的理论与实践工作,为其产生进一步提供了可能。

由于我国儿童图书馆的出现较之成人图书馆晚,因此,在它诞生及至后来的成长过程中,始终得到了公共成人图书馆的大力帮助。尤其是在当时全社会大力倡导重视初等教育工作的情况下，教育界及图书馆界一些人士，如蔡文森、孙毓修、曹乐澄等率先为创建儿童图书馆进行了认真的探讨与研究工作，他们不仅翻译介绍西方儿童图书馆的工作经验与方法，而且还多次撰文与同行探讨，例如：蔡文森1909年在《教育杂志》上发表了《设立儿童图书馆办法》一文，曹乐澄1911年发表了《设立儿童图书馆的商榷》等文章，这些文章的发表，使创建儿童图书馆的工作由设想变为了具体的实践。

在这样一种气候适宜的社会环境下，中国儿童图书馆的产生已成为历史的必然。1910年(宣统二年)我国第一所小学图书馆——"上海工部局立华童公学图书馆"正式成立，它标志着我国儿童图书馆一代事业的开创。此后，上海市立万竹小学、江苏省南京中学、实验小学、广东省番禺县五区大步乡立小学、上海南洋小学、北京市立师范学校附属小学、金陵大学中学部、山西铭贤学校等亦相继设置了图书馆，这些学校图书馆不仅承担着为教师服务的任务，而且亦为学生服务，其"图书当备可供教科用及参考用者"。虽然中小学图书馆的成立为开展教育教学、启迪学生思维发挥了良好的作用，但它毕竟是附属于学校的教育场所，各方面尚不能独立，非纯粹的儿童图书馆。于是，辛亥革命后，在全国大办通俗图书馆热潮的影响下，一些公共成人图书馆亦开始设置儿童图书室，专供儿童阅览之用。1914年北京京师通俗图书馆开设的儿童阅览室乃我国最早的公共系统儿童图书室，它的出现标志着我国儿童图书工作已从学校步入了公共图书馆领域，开始成为公共图书馆事业的一个组成部分。此后，浙江省公立图书馆、山西省立图书馆等也陆续增设了儿童阅览室。随着我国公共图书馆儿童阅览室的普及，1917年10月天津社会教育办事处创办了我国第一所既不附属于学校，也不附属于成人图书馆的独立的儿童图书馆。至此，我国的儿童图书馆事业得以全面地发展起来。

从儿童图书室到创建独立的儿童图书馆,我国的儿童图书馆事业迈出了可喜的第一步。虽然这一时期儿童图书馆事业尚处初建阶段,各方面工作还不够成熟,但其成绩却是相当可观的,这主要表现在以下几方面:

(1)有明确的办馆宗旨。儿童图书馆的开办者认为:儿童图书馆是"于幼年以养成好读之习惯"的好场所,其目的在于"诱启社会之常识、儿童之智能",由此简单数言可见,在我国儿童图书馆还处于稚嫩时期的时候,便已有一批有识之士准确地把握了儿童图书馆的基本性质和它的社会职能。

(2)有严格的规章制度。这一时期创办的儿童图书室、学校图书室乃至独立的儿童图书馆等,均制定有内容较为全面的图书馆规则,其涉及范围包括服务对象、借阅时间、借阅手续、阅读纪律及活动项目等。

(3)图书按类区分。尽管这一时期儿童读物分类标准尚未统一,但各馆却能够根据儿童读物的特点,创造性地编制本馆使用的分类准则,例如:北京京师通俗图书馆儿童阅览室就将藏书分为:修身国文、历史地理、算理科、习字手工唱歌体操、童话儿童教育书画、丛书杂志、小说传记、图画教科名人画册、西洋画贴幼年画报、名胜写真幼稚对画等几大类,这种类分图书的方法,虽不十分科学,但其直观性强,且类目较少,比较便于儿童检索。

(4)编制书目。为了方便儿童检索图书,各馆都针对儿童读者的身心特点,创造性地编制了一些简便、易查的书目,例如:北京京师通俗图书馆儿童阅览室就将书目裱于大牌之上,悬于墙壁中间,创造了"悬挂式"书目,以便小读者一目了然。这些儿童书目无论在内容上,还是在形式上都较严格地区别了当时普通成人书目。

(5)注意保护儿童的身心健康。虽然儿童图书馆在当时尚属初建,各方面条件极为简陋,但其已经开始注重藏书整理和剔旧工作了,对于一些"旧本小说,思想陈旧,不适于儿童教育;字迹过小,不适于儿童目力"的读物做到及时更换,以保证儿童的心灵健康,身体免受损害。另外,它们还注意"于游玩之中,隐寓教育作用",利用图书馆开展玩具及各种文体活动,这些服务项目的开展,吸引了大批儿童读者。从1916年到1918年三年的统计情况来看,各儿童图书馆(室)的读者均已超过非儿童图书馆的读者人数,这一成绩在当时世界中,也只有丹麦等少数国家才具备。因此,从这一点来看,我国的儿童图书馆事业从幼年时期,就已经走上了一条较为正规化的道路,为其今后的发展创造了良好的开端。

纵观我国儿童图书馆事业发展轨迹,不难看出,我国的儿童图书馆事业起步于学校图书馆的兴办,究其原因,我们以为主要有两方面:

(1)改良派提倡儿童教育,为我国初等教育机构图书馆的创立开辟了道路。

以康有为、梁启超为代表的改良派十分重视初等教育工作,竭力反对当时重高教轻初教的社会风气。1897年7月康有为在奏清政府《请开学校折》中,就曾建议仿效德、日学制,通令全国各省、府、县、乡开设学校,并规定了"提学"的课程;梁启超也曾多次对儿童教育内容及方法问题提出自己的看法,并首次将儿童读物分为:识字书、文法书、歌诀书、问答书、说部书、门径书、名物书等七类。此外,还特意为某小学堂"生童"教学编制了《西学书目表》,这些努力不仅从理论上阐述了儿童教育的必要性,而且也为学校图书工作的开展提供了条件。

(2)清政府一度重视中、小学教育工作,使学校图书馆工作的开展得以保证。

改良主义者"文化教育救国"的思想深刻而广泛地影响着刚刚步入二十世纪的中国,清政府在屡遭洋人欺辱的反思中,也已开始意识到教育的重要性,因此,本世纪初清政府便着手进行中、小学校的兴建工作,并明文规定各校要配置图书室,为教师和学生提供服务,这样一来不仅使儿童教育工作由理论变成了实践活动,而且也促进了学校图书馆工作的发展,故而,中国的儿童图书馆事业缘起于学校图书馆工作,是社会运动的自然结果。

总之,我国儿童图书馆事业在"五·四"运动之前基本上已经形成,但它的真正发展阶段则是在"五·四"运动之后这段漫长的历史时期。

第二节　解放前我国儿童图书馆事业发展简况

伴随着我国社会历史的兴衰和时代的变迁,旧中国的儿童图书馆事业亦经历了几多坎坷、几度沉浮,它的自身发展我们大致可分为三个重要阶段,即1919—1936年、1937—1945年、1946—1949年。下面我们分别对上述三个阶段的发展情况做一分析。

一、1919—1936年阶段

这一时期是解放前我国儿童图书馆事业表现出向上发展趋势的一个阶段。1919年"五·四"运动揭开了中国反帝反封建现代历史的序幕,我国的经济、文化、教育等各项事业,其中包括儿童图书馆事业亦随着历史的步伐开始步入了一个崭新的迅速发展时期,在这一社会背景下,于1917年在天津诞生的我国第一所独立的儿童图书馆,以其灵活多样的服务方式,功效堪可称赞的教育功能,在实践中愈来愈显示出它的真实价值,即:对学校教育的补偿作用,因而它越来越受到社会各界人士的普遍青睐,并由此导致了学校和公共系统的儿童图书馆的数量在这一时期内有了较快的发展。据有关资料统计,1917年我国仅有寥寥数所儿童图书馆,而到1927年这短短的十年间内,儿童图书馆的数量就猛增至101

所。三年后，即1930年，我国已在包括吉林、云南、陕西等边远省市在内的二十一个省市内建立起113所儿童图书馆，"几乎没有一个小学不附设一间小图书室"（《杭州民国日报》1932年11月6日）。这些普遍建立儿童图书馆的省市中，以上海、江苏、天津、广州、北京等地的发展速度为最。在1930年统计的全国所建的113所儿童图书馆中，上述五省市就拥有74所之多，占当时全国儿童图书馆总数的66%。不仅如此，这一时期的儿童图书馆，为了充分发挥其独特的教育功能，方便广大小读者借阅，还增设了许多方便读者的服务内容，如1930年成立的上海儿童流通图书馆，开辟了送书上门和邮寄借书的服务方式；1932年山西河津县成立了私立儿童邮寄图书馆；1934年8月上海第一儿童图书馆设置流动书车，开展巡回借阅；此外，天津市的儿童图书馆组织家庭、学校巡回文库，增设晚班借阅制度。这些服务项目的开设，不仅便利了儿童读者的借阅，提高了儿童图书馆的图书利用率，培养了小读者与儿童图书馆的感情，而且扩大了儿童图书馆在社会上的影响，赢得了广大家长及教师的支持，其成绩正如1932年11月16日《杭州国民日报》所报导的那样："儿童的踊跃借书与要求新书，有时简直使我们成人（图书馆）惭愧无地。"

这一时期儿童图书馆的另一特点是，各项业务工作逐步走入正轨，日趋规范化，并开始了自身的理论研究工作。儿童图书馆的藏书建设及分类、编目等各项工作虽与成人图书馆有相似之处，但其自身的特点及所担负的不同于成人图书馆的社会职能，又决定了它必须拥有自己独特的工作内容，因循其固有的运动规律向前发展，这就在客观上为学校和公共系统儿童图书馆进行自身业务工作的探索和理论研究提供了广阔的空间。当时，几乎所有的儿童图书馆都在积极寻求切实可行的办馆方法，例如，广州市立第三小学校儿童图书馆根据本馆的具体情况，设置了出纳、藏书、目录、购置、阅览、总务等六个业务、行政部门，并自行编制了本馆适用的

《儿童文库分类法》，作为类分图书的依据；天津、上海等地的儿童图书馆工作者也结合自己馆的特点，在借鉴《杜威十进分类法》的基础上，编制出具有符合儿童图书馆馆藏特点的图书分类法。这些尚不成熟的儿童读物分类、编目准则，虽在一定程度上解决了业务工作中的问题，但也因其一定的狭隘性和片面性，造成了儿童图书馆业务工作总体上的混乱。因此，统一各儿童图书馆的业务工作规范，就成了当务之急的大事。1925年12月，苏、浙、皖三省师范附小在其联合提案中，就针对儿童图书的分类和分段的统一及儿童图书馆的组织、设备等问题提出了专门的议案，这不仅有助于当时儿童图书馆业务工作趋于统一化，而且推动了儿童图书馆理论研究工作的展开，以致这一时期不仅有一百余篇专业论文问世，而且还出现了十篇有关儿童心理学研究的文章，这无疑反映了该时期儿童图书馆学的发展水平。

特别值得一提的是，这一时期的儿童图书馆不仅在数量及工作开展上有了较快发展，而且出现了馆际间合作的倾向。1922年7月，中华教育改进社在济南召开的第一届年会上，首次通过了"各市区小学校应就近联合，于校内外创设巡回儿童图书馆以补充教室内之教育"的提案。随后，1929年1月，中华图书馆协会在南京召开的第一届年会上，也通过了"各小学校设立儿童图书馆，遇必要时，得联合数校，共同组织"的提案。这说明，经过一段时间的工作实践，广大儿童图书馆工作者已开始切实体会到由于经费、设施的不足而造成的工作难以施展的苦楚，并积极寻求摆脱这种尴尬、被动局面的办法。"联合办馆"的呼声和行动，正是顺应儿童图书馆事业发展的必然趋势而出现的一种新事物，今天看来，我们不能不为我国儿童图书馆事业在其稚嫩时期就已迈出这艰难而值得充分肯定的一步而感到由衷的振奋，因为它标志着我国儿童图书馆事业极其迅速地发展到了一个新的水平。

分析我国儿童图书馆事业之所以能够在此阶段获得较快地发

展,我们以为主要有三方面的原因:

(一)教育界、图书馆界有关人士的热心扶植

儿童图书馆(包括学校图书馆)从它诞生的第一天起,就从未离开过社会各界有识之士的精心爱护和热心扶植。他们不仅自己先于普通民众认识到儿童图书馆在启迪儿童心灵、开发儿童智力等方面的独特功效,而且积极向社会广为宣传儿童图书馆的各种职能,并为其发展所必须的经费、设备等问题多方奔走,四处呼吁,真可谓竭尽赤诚之心。例如,1925 年 8 月,在中华教育改进社召开的第四届年会上,与会代表就曾对学校图书馆的购书经费分配,及在公共图书馆和通俗教育图书馆内设置儿童部的问题提出专门议案,要求有关部门对此做出具体的规定。同年 12 月,苏、浙、皖三省师范附小也针对儿童图书馆的建设问题提出联合议案,即编制儿童读物以应亟需案;创制初步儿童读物案;整理民间文学,使成适用的儿童读物案;调查儿童适用图书,汇编儿童图书馆目录案;规定儿童图书的分类和分段及儿童图书馆之组织设备案等。此外,1928 年 5 月,在大学院召开的全国教育会议上,胡元琰先生也就"组织委员会规定中小学附设图书馆设备之标准"问题提出专门议案;1932 年春,在《儿童世界》创刊十周年之际,赵景源先生投书报界,认为我们"读书靠几册薄薄的教科书是不够的,更需要图书馆一百余家";1934 年 10 月,上海市立和安小学校长吴鹤年向全国慈幼领袖会议提出"普及儿童图书馆"、"最好全国各城市及乡村都有整个计划,分期设立"的建议。无庸置疑,这些在社会上较有影响和威望的机构以及著名人士对儿童图书馆的宣传与厚爱,的确引起了官方有关机构的重视,因而在三十年代初期,"每个小学必须开办图书馆"的规定,终于由当时的教育部认可,并通令全国执行,这无疑对儿童图书馆事业的发展起到了极大的促进作用。

(二)积极借鉴成人图书馆的工作经验

由于儿童图书馆与普通成人图书馆之间存在着一脉相承的血缘关系,而且又晚于成人图书馆的出现,因而,在其成长、发展的过程中深得成人图书馆实践经验与理论研究成果的恩惠,从中汲取了大量有益的成分,来不断地完善、充实其自身,从而使整个儿童图书馆事业的发展免走了一些弯路。当时,绝大部分儿童图书馆都在仿效成人图书馆的工作体例,并能获得发展,就是一例很好的证明。应该指出,这一时期儿童图书馆事业的进步在很大程度上得益于成人图书馆的经验指导。

(三)儿童文学出版业的必要刺激

由于受"五·四"运动和新文化运动的影响,我国的图书出版业在二十世纪初叶发生了深刻的变化。特别是伴随着中国无产阶级步入历史舞台,先进的知识分子开始注意深入工农群众,为广大劳动人民进行文学创作,因此,这一时期各种适于广大劳动人民阅读的通俗易懂的报刊、图书大量问世并广泛发行。在这些通俗书刊中,连环画以其浅显的内容和生动、形象的画面备受识字不多的儿童和一般民众的喜爱,一度曾成为我国出版物的主流。

通俗读物和连环画的出现,自然吸引了一大批少年儿童读者,而随着他们阅读兴趣的勃起和阅读需求的强烈滋生,无形中对儿童读物的出版工作造成一定的压力,使它不得不投入一部分精力和财力致力于儿童读物的写作、出版工作。这一时期出版机构为孩子们输送的精神食粮,主要有两种形式:一是儿童刊物,一是儿童报纸,像《儿童世界》、《中华童子界》、《小朋友》、《小学生》、《现代儿童》、《少年杂志》、《儿童丛刊》等,都是该时期在儿童中较有影响的刊物,儿童报纸的种类及数量,相形之下则更趋激增之势。早在二十年代初期,上海、北京等地的报纸就先后开辟了儿童教育工作、儿童心理研究和供孩子们阅读欣赏的专栏,如北京《晨报》的《童报》园地、上海《导报》的《少年先锋》副刊、上海《时事新报》的《儿童文学》专栏等,皆属此类。这些专为孩子们服务的版面,在配合形势教育,宣传爱国主义,传播文化知识等方面起到了积极的作用。此后不久,我国第一份专门的儿童报纸——《童报》终于在 1929 年创办,随后各种儿童报纸纷纷问世,到 1933 年为止,其种类已增至 40 余种,而且部分报纸的发行量超过了千份。由于这些儿童报纸在内容上注意与学校教育密切配合,"供给儿童生活上的常识,养成儿童文学上的趣味",因而深受广大儿童的喜爱,并成为儿童图书馆最重要的文献源。

随着儿童读物和儿童报刊数量的不断增长,我国专门的儿童出版机构也开始出现,其中较为著名的有:上海的新中国书店(1931 年创办)、儿童书局(1932 年创办)、小朋友书局(1932 年创办)等,并涌现出一大批在历史上较有影响的儿童文学作家。郑振铎、赵景深、陈伯吹、陶行知、曾子叔等人为当时的广大少年儿童翻译、编写了大量驰名中外的文学作品,极大地丰富了儿童读物的园地。可以说,三十年代是旧中国儿童读物出版最兴旺的时期,它对于当时的儿童图书馆发展的推动作用,正如 1936 年 6 月商务印书馆的广告中所说的那样:"自民国二十三年(1933 年)本馆编印的《小学生文库》第一集之后,国内小学校及家庭因此而成立的儿童图书馆多至万余。"

二、1937—1945 年阶段

该阶段正值我国抗日战争全面爆发时期。由于受这场历时八年、旷日持久的民族解放战争的影响,我国的经济、文化、教育等各项事业都受到极大的破坏,因此,在这种丧失其发展所必需的物质和环境条件的情况下,我国的儿童图书馆事业几近全面倒退的边缘。应当承认,这样一场战争不仅改变了中国社会原有的秩序,而且严重地摧残了我国民族文化的发展。

抗日战争中,日本帝国主义对我国的民族文化事业进行了疯狂的破坏,不仅不计其数的图书馆设施毁于日军炮火之下,大批珍贵的藏书被毁、被烧(如当时的南开大学、上海暨南大学、长沙湖南大学图书馆均毁于战火),而且日方还派出由专家、学者,包括图书馆学家和版本学家组成的所谓的"科学调查团",肆意掠夺我国珍藏的文物图书。据有关史料披露,仅南京一市就有七十多处收藏书籍、文献的场所被洗劫,八十八万册图书被劫运日本,其损失之巨大实在是无法估量。因此,迫于战火的侵扰,许多图书馆不得不停馆疏散,致使正常的图书馆业务工作几乎无法开展,整个图书馆事业陷入了停滞、甚至倒退的境地。在这种情况下,作为图书馆这个大系统一部分的儿童图书馆,自然也不可能得到任何发展。

随着日本帝国主义对我国侵略行为的加剧,一些出版机构或迫于资金无助,纷纷停业、倒闭;或慑于战火,转移迁徙。此间的儿童出版机构更处于水深火热、举步艰难的境地。在短短的时间内,儿童出版机构几乎全部倒闭,儿童读物出版数量亦急骤下降,出版业的萧条冷落,自然阻塞了以收集、保存、传播各类儿童读物为目的儿童图书馆的文献主要来源渠道,这也是造成当时我国儿童图书馆事业衰败的直接原因之一。

然而,值得欣慰的是,正当国民党统治地区的儿童图书馆事业陷入生死难卜、困窘不堪境地的时候,共产党所领导下的苏区、解放区的儿童图书馆事业却显示出了勃勃的发展生机,其原因主要是与我党一贯重视文化、教育,尤其是儿童教育工作有着密切的关系。

早在革命战争初期,苏维埃革命政府就已经认识到文化、教育工作对中国革命事业的巨大促进作用,并积极着手进行具体的组织建设工作。为了提高新一代的革命觉悟和文化水平,他们十分重视对青少年一代的培养与教育,在其所领导的苏区内,不仅办起了众多的小学、夜校,开展识字活动,普及小学教育,而且还积极出版发行各类儿童刊物,如《乞儿报》、《济难儿童》等,这些报刊、杂志,以它们通俗的文字,丰富的内容,深入浅出地向孩子们介绍当时的政治形势,揭露帝国主义和反动派的罪行,启发广大儿童的阶级意识,帮助他们树立远大的革命理想,成为当时广大儿童喜闻乐见的、健康的、富有教育意义的读物。随着文化、教育工作的不断发展,及各类出版物数量、种类的日益增加,苏区的图书馆事业获得了必要的发展动力。当时的苏区,不仅有"中华苏维埃中央图书馆"、"苏维埃大学图书馆"、"马克思主义研究会图书馆"等大型专科图书馆,而且还在它所辖的城乡内建起了许多民众图书馆,其中也包括为儿童服务的儿童图书馆、室。尽管这些儿童图书馆、室各方面条件相当简陋,往往所有的资产就是一间小屋、几条板凳和为数有限的图书,但它的阅读活动却开展得十分火热,每天接待的小读者达近百人之多。为了克服馆舍狭小、读者过多的困难,各儿童图书馆的阅读活动都是通过少先队有组织地进行,纪律性很强。1933年3月19日《青年实话》周刊(第二卷第八号)《提高少先队员的文化水平》一文中,就曾对此提出过具体要求:各大队应找出一间全乡中适中地点的房子,为"少先队员某某大队读报室",并规定每周第五天或七天召集全大队队员来此学习、阅览,效果颇佳,吸引了大批儿童读者。

    抗日战争期间,由于受战争的困扰、牵制,解放区的物质生活极度匮乏,但就是在这种恶劣的条件下,共产党政府仍没有放松对下一代的教育工作。他们一方面为广大少年儿童编辑出版进步、健康的报刊、书籍,输送精神食粮,传播抗日救国的道理,如1939年中共上海地下党委派方明同志成立的我党领导下的第一个少儿出版社,在短短的两年时间里,就出版《少年文艺丛刊》五种和儿童读物二十五种,在儿童中产生了广泛的影响;另一方面则千方百计地为广大儿童开辟阅读场所,提供阅读设施。当时延安的中山图书馆就将自己最好的房舍腾出来,供少儿图书部开展工作,1937年6月又成立青年流通图书馆,面向广大青年和儿童开展服务,孩子们在这些条件尚属简陋的阅览室内,兴趣勃勃地翻阅着《新儿童》、《西北儿童》、《战斗画报》、《毛泽东的故事》、《刘志丹的故事》等书籍,从中获取了丰富的知识养分。这些图书馆确实在当时成为孩子们提高思想觉悟,掌握文化知识的重要课堂,它在培养具有共产主义思想的一代新人过程中,发挥了不可估量的作用。亦正因如此,儿童图书馆才能够在艰难的环境中得以生存,并不断发展起来。

我们认为,解放区儿童图书馆事业的发展与繁荣,不仅在一定程度上弥补了此时整个儿童图书馆事业萧条冷落的局面,而且随着中国革命的日趋胜利,逐渐成为全国儿童图书馆事业的主流,它预示着我国儿童图书馆事业发生质的变化的日子即将到来。

三、1946 年—1949 年阶段

1945 年 8 月抗日战争的胜利,并未给中国带来和平、安定的社会环境。为了侵吞抗战胜利成果,国民党又挑起了大规模的内战,中国再度陷入战争的深渊。由于此时国民党势力每况愈下,而共产党的力量日渐强大,形成了暂时的僵持局面,因而造成这一时期我国儿童图书馆事业及至整个民族的文化事业,呈现出两种截然不同的面貌。

战后国民党统治区,由于遭受空前的经济危机和支付庞大的军政开支,文化教育事业受到严重的抑制,文教事业经费一再被压缩,致使儿童读物的出版数量大幅度下降。据不完全统计,该时期全国童报仅有二十余份,大大低于战前数字,用于图书馆事业的经费更是微乎其微少得可怜。据有关资料提供,1946 年全国仅有图书馆 831 所,工作人员 2177 人,还不及 1929 年的有关统计情况(1131 所,2230 人),整个图书馆事业的衰败程度便可想而知了

与此形成鲜明对比的是,此时共产党领导的儿童图书馆工作却日渐蓬勃地发展起来。随着革命战争的节节胜利,共产党不仅接管了已解放地区原国民党所建的各类型图书馆,对其进行必要

的整顿之后,面向社会开放,而且还迅速地着手进行组建或改建独立的儿童图书馆工作,同时规定成人图书馆内应当设置儿童阅览室。据不完全统计,从1946—1949年间,我党领导下的解放区共建有十余所独立的公共儿童图书馆,如上海第一儿童图书馆、上海市立儿童图书馆、北平市图书馆儿童分馆等均是在这一时期创建的。这一方面充分显示了共产党领导下的人民政府的经济实力,体现了我党重视儿童教育工作的一贯思想,另一方面为中国儿童图书馆事业的发展奠定了良好的基础。

第三节　解放后我国儿童图书馆事业发展概况

解放后,我国儿童图书馆事业的发展轨迹基本上呈正弦曲线发展趋势,其历史大致可分为:初建、发展、停滞和振兴等四个阶段,下面我们逐一加以分析。

一、初建阶段

这个阶段系指1949—1954年之间。这一时期随着中国旧制政体的瓦解和新的国家机器的诞生,我国的各项事业均处于百废待兴的状态,文化事业亦不例外地受到党和政府的关注与重视,各种文化场所、娱乐设施相继开放,以满足当家做主的广大劳动人民的文娱生活。在"青少年是祖国的未来"的思想的指引下,为了将新中国第一代人培养成有文化、有觉悟的建设者,各地政府都积极创办各种儿童福利事业。在这种形势下,短短几年里,北京市立图书馆、北京图书馆、吉林省图书馆、西湖人民图书馆、浙江省图书馆、东北图书馆、江苏省国学图书馆、南京图书馆等都相继开辟了专为青少年服务的儿童阅览室,并对社会开放,承担起对广大青少年进行政治思想和文化知识教育的工作,它对于新中国第二代建设者人生观的形成、是非分辨能力的提高和科学文化知识的积累，起到了重要作用，因而受到青少年的普遍欢迎和好评，同时，亦为它自身的进一步发展赢得了社会的支持，奠定了基础。

需要特别指出的是，这一时期的儿童图书馆还不具备独立建制的条件，基本上附属于历史悠久的成人图书馆，仅以其机构的一部分——阅览室的面貌出现，而且各方面条件，诸如人员、经费、馆舍等均缺乏应有的保障，远不能令人满意。例如，北京图书馆在没有馆舍和经费、万般无奈的情况下，只得搭建露天少儿阅览场地（人称"雨来散"）开展图书阅览工作，这种简陋的物质条件，在一定程度上限制了儿童图书馆事业的发展。

分析造成这种状况的原因，我们认为主要是受当时的社会形势、经济条件和图书出版情况的影响。

（一）从社会形势上看。中国人民经历了近一个世纪的艰苦卓绝的抗争之后，终于在1949年建立了人民民主的新中国。然而，人民政权建立的初期，便遭到了美帝国主义侵朝战争的考验，为了保卫人民共和国新政权和竭尽对朝鲜民主主义共和国的国际义务，我们在全国范围内掀起了轰轰烈烈的抗美援朝群众运动，卫国战争成为当时一切工作的核心。经过三年努力，我们取得了抗美援朝战争的伟大胜利，捍卫了新中国的神圣领土，但同时也应看到，为了赢得这场战争的胜利，我们所耗费的精力、物力和财力也是十分巨大的，它不仅影响了我们经济建设的速度，而且也削弱了对文化事业的必要投资。当然，儿童图书馆事业的发展更是无暇顾及，我们认为这是造成该时期儿童图书馆事业发展缓慢的主要原因。

（二）从经济条件上看。中国是一个人口众多以农业为主的国家，由于长年战乱和历代反动政府的腐朽统治，造成我国经济基础薄弱，生产发展迟缓，人民生活水准较低的这种落后的经济状况。基于形势所迫，我党在建国初期的当务之急首先是改造旧有生产体制,迅速恢复屡遭破坏的国民经济,解决五亿人口大国的温饱问题。在此思想的指导下,党和政府将这一时期的工作和资金分配重点必然放在了恢复发展工农业生产之上,而对于社会文化教育机构的资金投入和重视程度亦形成相对不足,甚至无法顾及。因此儿童图书馆事业当时缺乏应有的物质发展基础,是应该为人所理解的。

(三)从当时的图书出版情况上看。鉴于国民党政府长期推行愚民政策,垄断教育,剥夺了绝大多数劳动人民受教育的权力,致使整个民族的文化素质较低,人们只对物质生活倾注极大的关心,而对书刊的阅读需求则表现得并不十分迫切,加之解放初期旧中国遗留下的大批文盲、半文盲的社会存在,这就在客观上影响了新中国的图书出版事业的发展。图书馆的发展历史告诉我们,书刊资料的发生发展是图书馆发生发展的前提条件,是图书馆发生发展的刺激源,所以,当时儿童出版物的数量多少直接关系到专门收集、保存和传播儿童读物的儿童图书馆的生存与发展,故而在缺乏出版业应有刺激的前提下,儿童图书馆的发展迟缓是必然的。

总之,这一时期的儿童图书馆工作尚处在初建阶段,虽然各方面条件还远不能令人满意,但党和政府的确是尽了最大的努力,在国内经济建设如此紧张的情况下,能够拨出虽然有限但却极为可贵的部分经费来发展儿童图书馆事业,这是历代政府所没有的。

二、发展阶段

此阶段系指 1955—1965 年之间。随着我国社会环境的逐步安定和国家财政经济状况的根本好转,发展社会文化教育事业被提到应有的重视高度。1955 年 11 月 4 日《图书馆工作》编委在北京图书馆儿童阅览室召开了"北京地区少儿图书馆工作座谈会",专门讨论研究如何进一步开展儿童图书馆工作的问题,国家教育部、文化部社会事业管理局、团中央少年部、北京图书馆,以及《中国少年报》、北京市教育局等单位出席了会议,这种由公共系统图书馆和官方有关机构共同组织召开的专门探讨儿童图书馆工作问题的会议,是我国儿童图书馆事业史上的第一次,它的召开对于推动我国儿童图书馆工作的发展起到了极大的作用。此后,北京、兰州,武汉、天津、上海、杭州、重庆、沈阳等地先后成立了八所独立的公共儿童图书馆。

这些独立的儿童图书馆在人员安置、经费配给、馆舍面积等方面有了一定的保证,拥有了相当的自主权,同时在配合社会教育,发挥儿童图书馆为社会服务的辅助功能方面亦具备了更为广阔的空间。例如,1959年北京市少年儿童图书馆为庆祝"六·一"举办了读书征文展览,共展出诗、文、剧、画355篇稿件,同年,武汉市少儿馆举办了"爱护图书和推荐好书展览会";1960年天津市少儿馆举办"五老见面会",特邀老干部、老作家等向孩子们进行革命传统教育,共有2800名读者参加;1963年该馆又配合团中中发出的"像雷锋那样生活、工作和战斗"的号召,举办《雷锋同志生活事迹展览》,所有这些活动都紧密地配合了当时的形势与教育工作的需要,充分显示了图书馆这一社会教育机构所特有的寓教于乐的教育功能,因而儿童图书馆日益受到读者和社会的承认。宋庆龄同志曾于1958年亲自为天津等地的少年儿童图书馆题写了馆名,这充分体现了党和国家领导人对该项事业的关怀与重视。

儿童图书馆在全国范围内如雨后春笋般地建立,其数量的迅速增加,便导致了儿童图书馆工作进一步正规化的问题的提出。在此前提下,全国各地文化系统应形势之要求,先后举办了地区性的儿童图书馆工作经验交流会,和各种类型儿童图书馆工作培训班、学习班,其中有些学习班还聘请国外专家来华讲课。例如,1956年3月北京教育局、北京图书馆、北京市图书馆联合举办了"中学图书馆管理人员业务学习班",参加学员达九十人,反映颇佳;同年六月,兰州市少儿馆邀请苏联图书馆专家雷达娅到该馆参观、讲学;1957 年 7 月,上海市文化局主持召开了"少年儿童图书馆工作经验交流大会",湖南、云南、山东、北京、天津、沈阳、兰州等地纷纷派人出席会议。这在很大程度上促进了全国儿童图书馆工作的深入开展和科学化进程,推动了我国儿童图书馆理论研究工作。至此,新中国儿童图书馆事业步入了第一个全面发展的高潮时期。

分析这一时期儿童图书馆事业发展的原因,我们认为主要有三方面因素。

(一)人们对儿童图书馆职能、作用的认识提高了。随着儿童图书馆社会辅助功能的日益发挥,使人们逐渐认识到作为衡量一个国家教育文化水平的标志及社会主义图书馆事业重要组成部分的儿童图书馆,它不仅是广大青少年学习科学文化知识的校外课堂,而且是提高少年儿童政治思想觉悟,培养他们具有共产主义道德风尚的重要场所,因而它在人们心目中的地位愈来愈高。社会对其所赋予的关注与重视程度自然为其自身的发展创造了良好的环境条件。

(二)国家经济状况的根本好转,使国家有能力增加对社会文化教育事业的资金投入。1963 年 8 月 30 日,教育部向全国各省市、直辖市教育厅局发布了《关于购买教学图书问题》的通知,指示"各厅、局与财政厅、局商量,注意今后给中小学多安排一些图书经费(在杂费收入中也可适当调剂一部分),尽可能按用款计划及时拨款,使学校能有计划地订购各种必需的图书。"这就为儿童图书馆进一步发展提供了必要的物质保证,使之能够脱离原属的成人图书馆,成为独立的社会机构,从而拥有更大的自主权,获得更为广阔的发展空间。

(三)由于党和国家提出了大量创作、出版、发行儿童读物的工作要求,因此,这一时期的儿童读物出版发行数量有了大幅度的增加,仅 1956 年一年,就出版新书 600 多种,发行量达 800 万册,此外还有十二种专供少儿阅读的报刊、杂志,这不仅丰富了孩子们的阅读内容,而且在客观条件上刺激了儿童图书馆的工作,丰富了其馆藏内容。

(四)在蒸蒸日上的祖国建设形势的影响下,广大儿童图书馆工作者为配合形势教育和文化课学习,利用图书馆积极开展各种形式的读书活动,这既充分发挥了儿童图书馆的社会教育职能,扩大了儿童图书馆的社会影响,同时又为其事业向纵深发展赢得了必要的社会支持。

总之,这一阶段我国儿童图书馆事业的大发展及成绩的取得,是与党和政府的关怀、重视,社会的支持、援助,以及广大儿童图书馆工作者的自身努力分不开的。然而,纵观我国儿童图书馆事业的发展全貌,我们就会发现,这一时期的儿童图书馆工作虽然获得了较快发展,但其基础并不稳固,在其轰轰烈烈、表面繁荣的背后,仍潜伏着某些对日后儿童图书馆事业影响较为严重的问题,这些问题主要体现在:

1.忽视国情,片面引进国外经验。众所周知,在我国进行社会主义建设的初期,曾得到过先于我国建立社会主义制度,并已取得一定建设经验的苏联政府的援助。我国政府为了科学地建设新中国,也于建国初期委派包括儿童图书馆工作者在内的大批留学生赴苏联学习,因此,苏联的建设成果及经验对于五十年代的中国曾产生过极大的影响。在这样一种社会环境下,广大儿童图书馆工作者也纷纷以苏联的经验为治理图书馆的依据,建立起苏联模式的儿童图书馆工作体系。这种引进与借鉴虽然在一定程度上弥补了我国该项事业的一些空白,但终因其国情相差悬殊,儿童图书馆事业发展途径不一,而致使我国儿童图书馆事业走了一段弯路,未能形成自己应有的特色和为自己奠定下较为坚实的发展基础。

2.由于认识上的偏差,影响了儿童图书馆独特功能的真正发挥。这一时期的儿童图书馆,虽然为配合社会教育做出了很大的努力,组织开展了多种形式的读书竞赛活动,但这些活动多以政治教育及文娱性活动为主,如举办读书会、组织学生参观学习等,真正属于儿童图书馆所特有的工作内容——阅读指导工作却未能全面、科学地开展,还没有真正承担起对小读者进行图书馆教育的工作。因而,这一时期的儿童图书馆工作还处于较蒙昧的初级阶段,在某种程度上起到的只是类似少年宫等社会教育机构的作用。

3. 由于单纯注重宣传活动的形式,而偏废了儿童图书馆基础理论与技术方法的研究、探讨。在这个时期内,我国的儿童图书馆只是从形式上接受了以苏联为首的先进儿童图书馆事业国家的工作经验,所以,在这一段历史时期内,我们单纯片面地、错误地认为儿童图书馆的工作重点仅限于图书宣传活动上,甚至在图书宣传活动上也可以不讲究其内容,只追求其形式的多样化和文娱化,兼之在儿童图书馆事业初建之时,绝大多数工作者又来自于各文艺团体,故而,儿童图书馆的图书宣传活动实际上已经距离真正的科学规范要求相距甚远了。究其原因,我们认为症结就在于忽视了符合我国国情的儿童图书馆学与儿童图书馆技术方法的深入研究。例如,这一时期探讨有关儿童读者服务与辅导方面的文章多达 74 篇,占该时期全部论文总数的三分之二,而对于儿童图书馆分类编目、藏书建设、建筑设备、科学管理等方面的论著则为数极少,可见其基础理论研究工作的差距之大。

不能不承认,缺乏科学理论的儿童图书馆工作是盲目的工作,也是随意性很强的、不规范的工作。所以,此期间我国儿童图书馆事业的发展,在一定程度上存在着它的不稳定性,尽管这种不稳定性十分隐蔽,但终归在它后期发展的坎坷之中表现出了严重的后遗症和历史危害。

三、停滞阶段

此段历史大约维系了十二年之久,即从 1966—1978 年。这时期内正值我国十年内乱期间,一场史无前例的"文化大革命"不仅将新中国十多年来苦心积累的物质财富毁销殆尽,而且对上层建筑领域也进行了一场空前的扫荡与洗劫。在"四人帮"大肆散布的"读书无用论"思想的影响下,教育战线受到了极大的干扰和破坏,在连正规的学校教育都聊以敷衍的情况下,课外学习又怎会引起人们的重视? 有道是"唇亡齿寒",既然社会环境如此,那么,作为社会主要教育场所的图书馆又如何能继续存在? 于是,在短短的时间里,儿童图书馆既失去经济保证,又失去社会支持与承认,在历尽磨难的境况下,或被取消已有的独立建制,纳入普通公共图书馆;或屡遭破坏,难以维持;或干脆撤销,被迫关闭。如兰州、天津、沈阳等地的儿童图书馆均是在"文革"中被砍掉的,其馆舍被占,设施损毁,书刊流失严重,仅厦门一市的中学图书馆就损失图书达三十万册,以致刚刚步入正轨的儿童图书馆工作遭到了毁灭性的破坏,陷入了倒退的低谷。

分析这段可悲的萧条历史,人们不能不对儿童图书馆在"文革"中首当其冲受劫,损失惨重的事实进行认真的反思。我们认为,造成这种局面的原因,除了与"四人帮"为实现其不可告人的政治目的而有意践踏祖国的儿童教育事业,腐蚀青少年思想的客观因素有关外,更主要的还是与当时儿童图书馆事业发展状况、人们的思想意识以及儿童读物出版停滞等有直接的关系。

如前所述,五十年代末、六十年代初,中国建立了以苏联为样板的儿童图书馆工作体系,国内的儿童图书馆工作者严格地因循苏联的建馆经验,来建设我国的儿童图书馆,这种脱离国情的借鉴,在极大程度上制约了我国儿童图书馆事业的发展。加之当时儿童图书馆理论研究工作不受重视,基础理论与技术方法的研究尤为欠缺,无法用理论指导实际工作,这些都说明其自身发展的基础并不稳固及对社会表现出的极大依附性。故而,当社会条件和形势稍有变化,它就难以维持其自身的生存与发展,此其事业倒退原因之一。

原因之二,在中国人传统的观念中,"尊老"一向是作为衡量一个人忠孝的尺度而被提到相当的高度,但"爱幼"却远未被社会所广泛崇尚。因此,儿童事业长期以来得不到社会的足够重视,其发展速度较之其它事业迟缓。再加上"四人帮"麻痹青少年思想,竭力扼杀祖国的文化教育事业,以致作为课外教育场所的儿童图书馆,在这一时期最终难逃厄运。

原因之三,儿童读物的严重匮乏,限制了儿童图书馆事业的发展。这一时期,由于"四人帮"推行资产阶级文化专制主义和禁锢政策,儿童文学的创作队伍遭到了严重的摧残,人员或被下放,或被赶走;出版发行单位或被并掉,或被撤销,把个好端端的儿童读物出版领域搞得百花凋零,一片荒凉,大批优秀的民间故事、神话传说统统被视为禁区,以至广大少年儿童陷入严重的"精神饥饿"状态。从1966—1976年十年间,全国只出版语文读物30种,文艺读物925种,科技读物105种,童话、寓言6种,而且印数少,题材单一,质量欠缺,远远落后于1965年以前的出版水平。如此软弱的出版界,当然无以形成对儿童图书馆应有的刺激,相反倒成了该事业发展的阻力。

总之,这段历史是新中国儿童图书馆事业史上遗憾的一页。

四、振兴阶段

此阶段系指1979年至今。随着十年动乱的结束和党的十一届三中全会的召开,为奄奄一息的中国儿童图书馆事业带来了新的希望,迎来了全面振兴的大好时期。在社会饱尝轻视教育、轻视知识的苦果后,开始重新重视教育的社会环境下,作为社会文化教育机构的儿童图书馆势必重新引起人们的注意,这就为迅速恢复儿童图书馆各项工作,发挥其应有的教育职能奠定了基础。为此,各级政府齐心合力,首先,迅速恢复、重建了一批"文革"中被毁掉的历史较为悠久的儿童图书馆,诸如北京、天津、上海、兰州、重庆、沈阳、杭州等地的儿童图书馆,都是这一时期首批恢复组建的对象。从当时的实际情况来看,这些老馆由于遭受"文革"的洗劫,各方面损失都极为严重,例如,天津市少年儿童图书馆动乱中不仅馆舍被占,而且原有的四十万册藏书,或因被烧,或因丢失毁坏,几乎荡然无存,尤为令人惋惜的是,该馆所藏的珍贵的解放前的少儿资料,及我国最早的连环画版本也损失殆尽。因此,无论从儿童图书馆这一系统所需要的能量上,还是从信息、物质上看,恢复重建工作所面临的困难都是相当大的,然而,令人欣慰的是,在这种物质基础十分薄弱的情况下,各地政府积极克服困难,采取分期、分批恢复组织的方法,为振兴我国儿童图书馆事业付出了极为艰辛的努力。

其次,认真加强基层儿童图书馆的建设工作,积极新建区级儿童图书馆。十年浩劫不仅严重地扭曲了青少年的精神世界,而且也造成了知识的极度匮乏。为了净化广大少年儿童的思想,弥补知识的严重不足,缓解其读书难的局面,各地政府纷纷开辟社会教育场所,兴建起逾百所各种类型的儿童图书馆(包括区、街道少儿馆和学校图书馆等),其建设速度之快超过了任何一种类型图书馆的发展速度。这些新老儿童图书馆建成后,立即发挥出其特有的社会职能,它们积极配合有关部门组织各种形式的读书活动,自1979年以来,中央及各省市文化、教育部门先后组织的"点燃理想的火炬"、"爱我中华"、"可爱的中华读书演讲"、"红领巾读书读报奖章活动"、"青少年面向未来读书与思考"、"庆龄杯读书竞赛"及"小博士"、"小学生百事问"等大型读书活动,都是由各级儿童图书馆负责组织、承办的。这些广泛而有益的读书竞赛活动,不仅极大地激发了少年儿童的求知热情与兴趣,而且也扩大了儿童图书馆这一社会文化教育机构在社会上的影响,赢得了人们的普遍支持与广泛承认。

不仅如此,这一时期儿童图书馆理论研究工作亦进一步得到加强。随着我国第一份儿童图书馆专业期刊《儿童图书馆与中小学图书馆》(原名《少图工作》,后曾更名为《儿童图书馆》)1980年在天津市少年儿童图书馆问世,儿童图书馆战线的理论研究工作则进入了一个崭新的发展阶段。广大儿童图书馆工作者以饱满的工作热情,积极撰写文章,探讨儿童图书馆工作规律,磋商业务工作中的各种疑难问题,交流工作体会,并组织召开各种类型的学术研讨会、论文竞赛会等,以便加强业务交流与理论研究工作,迄今为止所发表的各类论文的总篇数超过了解放前和解放初期的总和。此外,天津市少年儿童图书馆还于1983年自行编辑出版了我国第一本少年儿童图书馆工作者培训教材——《儿童图书馆工作讲稿》,出版了从清末到当代的《儿童图书馆工作学术资料篇名索引》,这些都表明了我国儿童图书馆工作和理论研究工作进入了解放后第二个全面发展的高涨时期。

　　该时期儿童图书馆工作的另一突出特点是,各类型儿童图书馆间的横向联合进一步加强,并出现了跨地区性的儿童图书馆协作组织,如"西北、华北、东北地区少年儿童图书馆协作委员会"、"华东地区少年儿童图书馆协作委员会"、"中南地区少年儿童图书馆协作组"等,这种横向联合与合作的加强,是我国儿童图书馆事业发展的必然趋势。众所周知,近年来,虽然我国儿童图书馆事业发展迅速,形势喜人,并在社会主义精神文明建设和培养"四有"人才的工作中,发挥了重要的作用,但其无论在藏书数量、人员素质、经费配给及馆舍建筑、设备供给等方面都远远不能适应社会发展的需求,再加上各地区儿童图书馆事业受其经济条件的制约,发展不够平衡,相互之间闭关自守、各自为战,缺乏必要的联系与协调,人为地制造出诸如文献资料、经费使用等方面的巨大浪费,在很大程度上限制了儿童图书馆社会职能的充分发挥。因此,打破地域及系统界线,密切各类型、多级别儿童图书馆之间的关系,加强横向联合,就成了当务之急的大事,跨地区性的儿童图书馆协作协调组织机构正是在这样一种社会环境下应运而生的,它的出现标志着我国儿童图书馆事业已经发展到了一个新的历史阶段。

分析这一时期的儿童图书馆工作之所以能够得到如此飞速的发展,我们认为主要有四方面的原因。

（一）领导的重视。这是儿童图书馆事业发展至关重要的问题。纵观我国儿童图书馆事业发展历史,没有任何一个阶段的儿童图书馆工作像今天这样受到官方政府机构的重视,我们可以从下面所列举的事实窥见一斑:

1980年5月,中央书记处在其召开的第二十三次会议上听取了北京图书馆馆长刘季平同志的汇报,决定在文化部设立专司图书馆事业的图书馆事业管理局,并要求各地文化行政部门把发展图书馆事业列入到计划预算项目和城市规划内,当成一件大事来抓,同时还特别指出:中等以上的城市和大城市的区,设立儿童图书馆。今后凡新建公共图书馆,都必须考虑少年儿童阅览设施的安排。

同年,天津市少年儿童图书馆与天津市教育局对全市各类型儿童图书馆进行了一次普遍调查,并在此基础上,由天津市少年儿童图书馆负责起草了《天津市中小学图书馆（室）暂行工作条例》,该条例于1980年6月由教育部转发全国参照执行,它是我国图书馆事业史及教育史上首次制定的有关中小学图书馆工作的专门性文件,它的推行与实施不仅在法律上保障了中小学图书馆的基本建设工作,而且亦有力地推动了全国教育系统的图书馆工作朝着正规化的方向发展。

1981年5月,文化部、教育部和共青团中央在北京召开了建国以来首次"全国少年儿童图书馆工作座谈会",来自全国各省市的120名儿童图书馆工作者出席了会议,文化部图书馆事业管理局局长丁志刚在会上做了题为《发展少年儿童图书馆事业,为下一代健康成长做贡献》的重要报告,中央书记处书记宋任穷、全国妇联主席、全国少儿工作协调委员会主任康克清及中央有关方面的领导和我国著名的儿童文学作家、图书馆学专家等接见并看望了全体与会代表,此次会议着重讨论了发展我国儿童图书馆事业,改善儿童图书馆阅读条件,加强对少年儿童阅读指导等问题,确定了发展我国儿童图书馆事业的方针大略,并针对我国儿童图书馆的办馆方针、性质、任务等问题,提出了建设性措施,其作用在于有力地推动了我国儿童图书馆事业的全面发展。

6月,上海市文化局召开全市街道图书馆工作现场会,贯彻落实"全国少年儿童图书馆工作座谈会"精神。

7月,国务院办公厅转发了文化部等单位关于全国少年儿童图书馆工作座谈会的情况报告的通知。通知中说:"少年儿童图书馆,是我国图书馆事业的重要组成部分,是以广大少年儿童为对象的重要的社会教育机构,建立少年儿童图书馆(室),组织和引导少年儿童多读书,读好书,是促进下一代健康成长必不可少的重要手段。因此,要求有关部门要给予积极的支持,并共同做好这件工作。"通知的下发,无庸置疑,为儿童图书馆事业的发展创造了良好的社会条件,成为该事业发展的巨大推动力。

1981年底,中央文化部图书馆事业管理局在上海华东师范大学举办了我国有史以来首次"全国少年儿童图书馆业务干部培训班",1983年4月在北京师范大学又举办了第二期儿童图书馆业务人员训练班,为全国各省市集中培训和输送了一大批儿童图书馆工作骨干,缓解了儿童图书馆工作人员匮乏的局面,充实了儿童图书馆工作者队伍力量。

1982年,中国图书馆学会委托天津、上海两市召开少儿图书馆研究组成立大会,目的在于加强学术交流与业务联系。

1989年1月,国家教委在京召开了首次"全国中小学图书馆工作会议",商议、研究有关中小学图书馆(室)的发展问题。

此外,中央有关部门还多次召开全国性的儿童图书馆业务工作学术研讨会,如1984年在温州召开的"全国少年儿童图书馆工作经验交流暨学术研讨会议"、1985年在重庆召开的"全国少年儿童图书馆藏书建设工作讨论会"等,这些都表明了这一时期的各级领导始终都在关注着全国儿童图书馆事业的发展,并给予了极大的支持与帮助,这对于儿童图书馆事业的发展影响尤为深远。

(二)社会的需求。在完成人才的"外围知识"的传授过程中,图书馆愈来愈为人们所需要,它的真正价值已为现代人所发现,它的寓教于乐的、动态的、开放的教育形式深为广大小读者和家长们所喜爱。因此我们说,儿童图书馆辅助功能的良好发挥,是吸引社会、取得社会承认与支持的基础,同时也正是这样广泛的社会需求,又反过来推动其向纵深发展,这是任何图书馆存在、发展过程中不可缺少的因素。

(三)儿童图书馆的自身努力。任何事物的成长壮大都离不开主观因素的努力,儿童图书馆亦不例外。从我国第一所儿童图书馆的诞生,至今天儿童图书馆的普遍建立,它始终在为配合学校教育、开发学生智力、启迪儿童心灵、传递科学知识等方面做着积极的努力,并逐步形成其独特的、有别于学校教育的活泼、生动的教育形式,成为不可缺少的社会第二教育课堂。正是凭着这种不懈的进取精神,儿童图书馆才取得了今天这样的社会地位,赢得了全社会如此重视与承认。因此,儿童图书馆的自身努力是决定其发展的重要因素。

(四)儿童出版事业的必要刺激。结束十年动乱,特别是党的十一届三中全会以后,广大新闻出版工作者,解放思想,积极进取,在"为人民服务,为社会主义服务"和"双百"方针的指引下,不断开拓选题领域,图书的出版数量和质量连年提高,仅1980年就出版少儿读物2446种,是"文革"十年总出版量的2.4倍,且印数多达 554000000 多万册,占 1980 年一般书籍总印数的三分之一。另外,还有 43 种少年儿童杂志,如《小朋友》《儿童时代》等,印数为 14478 万册之多,可见这一时期的儿童读物出版工作的确展示出了可喜的勃勃生机,并成为儿童图书馆藏书工作的动力、源泉,加速了该时期儿童图书馆事业的发展。

在我们为祖国儿童图书馆事业突飞猛进的发展感到由衷欣慰的同时,还应清醒地看到其事业内部所存在的令人担忧的某些问题以及这些问题有可能对今后儿童图书馆事业发展造成的严重阻碍,只有这样我们才能不断地改进、完善,力争找出通向成功的途径。我们以为,目前儿童图书馆事业存在的主要问题是:

整个事业发展虽迅速,但不均衡。近年来,我国的儿童图书馆虽然在数量和工作内容上有了很大的发展,但其发展并不平衡,出现了"东快西慢、南强北弱"的局面。例如,从纵向上看,我国东部一线的大连、鞍山、沈阳、北京、天津、济南、南京、上海、杭州、温州等地的儿童图书馆相继而起,但西部地区除兰州、银川等寥寥数所儿童图书馆之外,其它地区几乎一片空白;倘若我们再从横向上分析又会发现,我国南方的儿童图书馆事业实力强大,仅湖南一省,二、三年内就建立了十三所规模可观的独立的儿童图书馆,但北方就其发展速度最快的辽宁省来说,近年来亦只不过兴建了八所儿童图书馆。因此,从宏观上看,我国的儿童图书馆事业发展是极不均衡的,再加上由于历史遗留下来的许多问题一直未能得到妥善解决,专业人员匮乏等因素,故而造成其事业发展基础尚不巩固的现状,这对于今后儿童图书馆事业的发展是极为不利的。

总之,新中国的儿童图书馆事业是在历尽坎坷与磨难的境况中逐渐发展壮大的,我们相信,随着我国国民经济的日益好转和全社会崇尚教育思想的普及,它必将日益受到人们的重视与需要,其发展前景一定会是充满阳光的。

第五章　儿童图书馆

本章内我们所要研究的问题,已从宏观范围的探讨转向微观世界的求索。随着这种研究内容的逐渐缩微,我们的研究方法亦由"站在上面"的探讨和总结,转变为"处于其间"的雕琢和推敲。但是,在展开研究之前,我们还是要提醒大家,尽管宏观与微观的研究对象,在其内容与研究手法上有着很大的区别,但我们却不能将它们截然分开,对其整体与其组成部分千丝万缕的血脉相承的关系的认识,需贯穿于我们研究工作的始终。

第一节　儿童图书馆的概念

一、图书馆的概念

图书馆的概念,是儿童图书馆概念的属概念,也就是说,"图书馆"是个大概念,"儿童图书馆"只是"图书馆"这个大概念的延伸。因此,我们只有在把握"图书馆"的科学概念的基础上,才能为"儿童图书馆"做出准确的定义。

"图书馆"一词,最早见于拉丁文 Libraria 和希腊文 bibliotheke(意私人和公共藏书),英文的 Library,俄文的 билиотека 及德、法文对图书馆的称谓皆源于它们。Library 一词的本意是"收藏书籍的地方"，它与中国古代"藏书楼"的含义基本一致，即人类早期的图书馆，只是收集、保管文献资料的地方。然而无论国外的早期图书馆（寺院或宫廷的图书馆），还是中国古代的藏书楼，它们并非完全"只藏不用"，实际上它们从一出现起，就承担着提供利用的任务，只是这种提供利用的范围十分狭窄，单纯局限在王孙贵族、皇亲国戚中间而已。于是，现今有些人根据这种现象便提出了古代图书馆"重藏轻用"的观点。我们认为，其所谓"轻用"应做"用的对象狭隘"解释，因为图书馆从它诞生之日起，便已确定了它是为人类利用（交流）而设置的机构的这一特性，只是它究竟为谁所利用，又被谁而利用的问题。

近代图书馆学家，对图书馆的概念有了进一步的认识，如美国的图书馆学教授巴特勒提出：图书馆是移植人类记忆的社会装置；德国的图书馆学家卡尔施泰特认为：图书馆是把客观精神传递给个人的场所等等。

现代的图书馆学研究成果，使图书馆的概念更加准确。如一九四三年出版的《美国图书馆协会图书馆学名词字典》解释图书馆为："一间、一组房屋或一栋建筑，其中储藏图书及类似资料，加以组织管理，提供阅览、参考及研究需要者"；苏联学者丘巴梁将图书馆解释为"图书馆是进行思想教育和交流科学情报的机构"。

我国的图书馆学专家黄宗忠先生认为："图书馆是通过收集、整理、保管、流通和宣传图书资料，为一定的阶级利益和一定的政治路线服务的文化教育机构。"与之见解颇为一致的是，吴慰慈先生也将图书馆解释为："是收集、整理保管和利用书刊资料，为一定社会的政治、经济服务的文化教育机构。"

我们综合各家对图书馆概念的定义，不难发现它们的共同点所在：

（一）图书馆是收集、保存文献信息的地方。

（二）图书馆是文献信息传播、交流、提供利用的地方。

很显然,这两点是图书馆区别于其他事物的标志,也是图书馆根本属性的表现。但同时我们也应该看到,图书馆在人类社会中并非是一个"自由元素",它在表现出自己根本属性的同时,也必须表现出一定社会的制度、统治阶级的意志和为其服务的功能,否则它将会受到社会的改造或摒弃。此外,图书馆作为一个人工系统,集科学、文化、教育之大成于一体,故而,它既被社会的政治、经济所制约,又被社会的科学、文化、教育的兴衰所影响。

因此,在我们承认上述观点的条件下,再来考虑图书馆的概念,就可以根据其存在的特点,把它定义为:图书馆是为人类社会收集、保存、传播和利用文献信息而服务的科学文化教育机构。

二、儿童图书馆的概念

儿童图书馆作为图书馆的"后裔",自然与其母体有着本质上的血脉关系,因此儿童图书馆的本质属性不可能标新立异、别树一帜。但这并不等于说,儿童图书馆与它母体完全雷同,它在保持着"家族"本质的时候,还再造着自己独特的特点,这特点即服务对象上的差异。大家知道,正是由于这种服务对象上的差异,图书馆这个大家庭中的成员间,才能够区别分明、各具功能而又不可分离。因此,我们千万不可轻视这一点差异。儿童图书馆,顾名思义,是以少年儿童为主要服务对象的,故而,它的概念定义为:"儿童图书馆是为少年儿童收集、保存、传播和利用文献信息服务的科学、文化、教育机构。"

从系统的观点来看,儿童图书馆的概念很明确地说明:

(一)儿童图书馆是一个为孩子们收集、保存文献资料的系统。由于这个系统收集、保存文献资料的目的十分明确,所以,它收集和保存文献资料的出发点即以孩子们的需求为其功利目的,凡与之相悖者,儿童图书馆的收集、保存系统便会自觉地抵制或剔除。

（二）儿童图书馆是一个为孩子们传播、使用文献资料而服务的系统。儿童图书馆，自其在人类社会的历史上出现之日起，它便是以服务于少年儿童为目的的机构，它的收集与保存文献资料的功能，只不过是其实现"服务"目的而必需的手段。因此，收集与保存文献资料的系统，仅是儿童图书馆为孩子们提供传播和使用文献资料服务系统的条件保证，传播、利用文献资料的服务系统才是儿童图书馆的最终存在的目的。

由上述所论可见，儿童图书馆系统中的收集、保存、传播、利用服务等诸运动环节间的关系应该是：收集和保存文献资料为传播、利用文献资料奠定了可靠的物质基础，它促进了传播和使用文献资料的运动速度与效益。反之，传播与利用文献资料的服务，又检验了收集和保存文献资料的运动质量，并推动了它的继续丰富与发展。

儿童图书馆的概念只有在具有一定的概括性，即能够概括出本系统中各类型儿童图书馆的共同的、本质的特征的条件下，方有称其为"儿童图书馆的概念"的资格。严格地讲，现在许多地区公共儿童图书馆条例或一些规章制度，虽统统冠以"儿童图书馆工作条例"、"儿童图书馆的规章制度"等，但深究起来都是不够准确的提法。

第二节　儿童图书馆的性质

"儿童图书馆的性质"问题是我们本节探讨的中心，也是当前我国儿童图书馆界研究人员所给予特别关注的研究课题。近十年间，围绕着儿童图书馆的性质问题，学术界展开了颇为激烈的争论，大家都希望能够从争论中得出一个较为准确的结论来，以便指导我们的工作。

对于"儿童图书馆性质"的问题,我们认为,首先要从"性质"一词的真正含义入手研究。"性质"是一个词,它由"性"和"质"两字组成。"性"字在这里做事物的本质的特点讲,《孟子·告子》:"是岂水之性哉?"中将其引申为形态;"质"字,亦做本质讲,《礼记·乐记》:"中正无邪,礼之质也",其中的"质"字,即指"本质"。当"性"和"质"两字组成名词"性质"时,它的原意则为品性、素质解,如《荀子·性恶》:"夫人虽有性质美而心辩知,必将求贤师而事之,择良友而友之。"而今"性质"一词的含义,已扩大为"一种事物区别于其他事物的特征"的解释了。据此,我们这里可以有充分根据的讲,儿童图书馆的性质,即是儿童图书馆区别于其他单位、机构的独具的特征。

然而,儿童图书馆终归不是《山海经》中所说的四翼"肥蟥"的怪兽,可以独往独来地存在于太华山之中。如前章所述,儿童图书馆是个系统,这个系统既要从其他事物系统中汲取运动的力量,又要向外界输出自己的造物,它必须和世界上的万事万物并存才能生存。因此,它除了具备自己的、独特的本质属性外,还要具备同类事物一般的、共同的属性。

一、儿童图书馆的本质属性

儿童图书馆的本质属性,即区别于其他事物,并对自身各方面起制约作用的一种根本的属性。儿童图书馆一旦失掉了这种属性,这个系统就要发生质的变化。那么,究竟什么是儿童图书馆的本质属性,诸家认识却不一致。

有的人认为,儿童图书馆的本质属性是教育性。其认识的基本点在于:儿童图书馆与其他各类图书馆的最根本区别是读者对象不同。儿童图书馆的读者对象主要是广大少年儿童,图书馆为广大少年儿童服务的过程,实际上就是教育他们的过程。纵观儿童图书馆的工作,几乎没有一项不含有对孩子们施加思想品德或科学文化知识教育的意义。持此观点者非常赞成将儿童图书馆称之为"第二课堂"，将儿童图书馆的教育称之为"第二渠道教育"。他们认为：儿童图书馆特别突出的教育性质即其本质属性。

有的人认为：儿童图书馆的本质属性应该是社会性。持这种观点的代表，以儿童社会学及儿童图书馆的社会性为基点，提出："家庭、学校、社会这三个方面对儿童的教育和熏陶，相互联系，相辅相成，缺一不可；同时，儿童的成长情况又会对家庭、学校、社会产生影响。儿童图书馆是人类社会的产物，它的馆藏内容也是人类社会文化的结晶，因此，它的主要任务是对广大少年儿童进行社会教育。这种教育是学校和家庭教育所无法取代的。我们完成完整的少儿教育，缺少这一环节则是有缺陷的教育。"

还有的人认为，儿童图书馆的本质属性即为传递性。持这种观点的人认为"儿童图书馆是图书馆大系统中的一个分系统。它在人类知识信息的传递过程中起着重要的中间媒介作用。大量的儿童所需的文献资料，通过儿童图书馆的传播，使孩子们能够正确的认识与利用，从而实现了文献资料生产与流通的价值意义。"

我们以为，儿童图书馆本质属性确定的前提条件，是首先要辨明本质属性与一般属性的差别。所谓本质属性，它一定具有这么几个特点：

1.通过本质属性的表现，可以清晰地将该事物与其他事物准确地区分开来。

2.本质属性决定着该事物的存在，一旦失掉了它，该事物的性质就要发生质的变化。其他属性（即一般属性）是由本质属性派生出来的。

3.本质属性决定着该事物的其他属性，即其他属性（一般属性）是由本质属性派生出来的。

用上述条件来衡量"教育性"与"社会性"，我们就会发现："教育性"、"社会性"都不能使儿童图书馆区别于其他事物，也不能决定儿童图书馆的存在与否和儿童图书馆的其他属性。例如:少年宫与儿童图书馆比较,少年宫同样具有着极为突出的"教育性"和"社会性",我们能就此认为二者完全等同吗?

错误地将"教育性"与"社会性"认识为儿童图书馆的本质属性,曾经给我们的事业带来过严重的损失。八十年代初期,一些儿童图书馆由于片面地强调"教育性"和"社会性",将自己的大部分经费用在开展一些甚至与图书馆毫无关系的教育活动上,不仅使图书馆的藏书得不到及时的补充,工作人员得不到正确的使用,而且图书流通率亦因之大幅度的下降,其结果是发展速度远远落后于其他同期建立的儿童图书馆,社会效益也难以与之比较。

对于把儿童图书馆的本质属性认识为"传递性"的观点,我们是这样看待的:为广大少年儿童传递文献资料固然是儿童图书馆的独具特性之一,但它并不能概括出儿童图书馆的实质,其主要原因在于,儿童图书馆并不是文献资料流通过程中的一个简单的"驿站",只起到像书店、书摊或个人间直接往来的单纯的文献传递作用。在文献资料流通过程中,对文献资料来说,儿童图书馆实际上是一个相当复杂的"仓库"(收集文献资料)与"加工厂"(加工、整理文献资料);对于小读者来说,它又是一个培养和造就人才的优秀基地(开展图书馆教育,提供读者服务)。所以我们认为,完整地表述儿童图书馆的本质属性应该是存贮与传递的属性。

儿童图书馆的存贮与传递的属性,它包括两个含意:一为存贮,即收集、整理和保存少年儿童所需的各类文献资料;一为传递,即宣传流通各类少年儿童所需要的各种类型的文献资料。前者"存贮"是后者"传递"必备的、可靠的物质基础,亦系儿童图书馆生存的基本条件;后者"传递"则是前者"存贮"永恒的、持久的运动动力,亦即儿童图书馆生存的目的。下面,让我们深入地探讨一下这个问题。

(一)儿童图书馆的产生源于少年儿童存贮和使用文献资料

的需要。在本书第四章"儿童图书馆的产生"一节中我们了解到，儿童图书馆的产生与其他类型图书馆的产生原因一样，都是为了人类社会中不同类型的读者群的需要而应运出现的。现代高度发展的人类社会，无论其哪一个领域，知识的发展都超过了一个人所能完全掌握它们的能力，因此，"把烦琐的记忆全部交给图书馆去承担，让人们节省下精力来做有价值的创造性的工作"的呼声越来越普遍。由此可见，图书馆的产生，确确实实蕴藏着保存人类记忆并随时提供人类提取使用这些记忆的意义。

作为正处于身心发育过程中的少年儿童，他们不但需要前人优秀文化的哺育为之奠基，而且需要当代新文化的注入为之发展，而儿童图书馆所藏的各类文献资料，既具前人文化的结晶，又集当今科学的精粹，它按照广大少年儿童的需求出现在图书馆的大家庭中，成为培养新一代的沃土。因而，儿童图书馆的"存贮与传递"的性质，是它诞生的那一天起就已具有的本质属性。

（二）儿童图书馆的自身运动是"存贮"与"传递"文献资料的运动。

儿童图书馆系统的运动过程，与其他类型图书馆的运动过程相一致。这个系统为了取得生存的权力，需要不断地从外界输入物质、能量、信息，如儿童图书馆的建筑、设备、专业人才、经费、文献资料、读者等等。儿童图书馆的建筑、设备、经费，为儿童图书馆的运动提供了必要的物质保证，专业人才为其提供了有效的劳动，而儿童图书馆从社会上采集的大量的处于无序状态的各种类型文献资料，在其系统内部，经过专业人员的分类编目、加工整理，使之成为有序的知识系列后，得到专门的建筑设备的妥善保管，少年儿童读者进入儿童图书馆，便可以通过利用这些已经被图书馆组织与控制的文献集合体，来不断充实、提高自己的政治思想和科学文化知识，将自己逐渐锻炼成为祖国建设所需要的栋梁之才。

我们认真地思考一下儿童图书馆系统上述自身运动过程，就不难发现,它从社会上输入自己需要的能量、物质、信息后,经过内部的运动,又反哺社会,向社会输出其所需要的能量、物质和信息,其这一过程主要是依靠存贮与传递文献资料的手段来加以实现的。记得有一位学者曾经这样形容过图书馆的工作:图书馆就像水闸一样,经过水闸流出的水能够给人类带来幸福,但未经水闸控制的大水则不但会丧失它的能量,而且会给人类带来灾害。所以,"存贮"与"传递"文献资料的性质,是儿童图书馆赖以生存的本质属性。

(三)"存贮"与"传递"文献资料的性质是儿童图书馆区别于近似事物的主要特征。

儿童图书馆从其诞生之日起,便有着一种将它与少年宫或儿童书店混淆的认识,加之一度我们儿童图书馆工作者自身概念意识的模糊,把儿童图书馆与少年宫、儿童书店等同相视,致使一些儿童图书馆貌合神离地承担起少年宫或儿童书店的工作,这样一来,错上加错地加深了人们对儿童图书馆性质的误解。

为什么儿童图书馆与少年宫、儿童书店等机构如此容易地相互混淆呢?我们认为,原因主要在于:

1.儿童图书馆与少年宫都是少年儿童课外活动与接受课外教育的场所,它们在相当多的活动形式上有着不容否认的共同点,如开展读书读报活动及举办各种类型的少儿文化艺术学习班等。但同时我们也应该清楚,儿童图书馆的这些活动,都是通过馆藏文献资料的传递及利用其传递过程中的教育作用来完成的。而少年宫则不然,它的教育活动,与学校教育方式一样,是通过教师、辅导员言传身教去加以实现的。鉴于儿童图书馆和少年宫这些众多的、形式基本相同的活动形式,便导致了社会上那些不了解内容实质、单纯以形式表现为依据者的错误认识。

2.儿童图书馆与儿童书店在概念、性质上的混淆认识,是由于它们部分运动内容相同所致。儿童图书馆利用馆藏书刊资料为孩子们服务,儿童书店通过销售书刊为孩子们服务,二者的共同点均是利用书刊资料来为少年儿童服务的。但其不同之处也是显而易见的,儿童图书馆是以馆藏资料无代价地服务,来获取社会效益为目的;儿童书店是以销售书刊有代价地服务来获取经济效益为目的,并且不担负文献收藏、指导阅读等任务。因此,它们虽然形式上都是少年儿童书刊资料流通的场所,但其实质却完全不同。

通过对儿童图书馆与少年宫、儿童书店的一番比较,我们应该认识到,儿童图书馆之所以能够区别于其它相似者的根本之处,就在于它的"存贮文献资料"和"传递文献资料"的特征。只有具备这种特征,儿童图书馆才是孩子们心目中的"知识宝库"和"书的世界",任何其他单位都无法取代它。反之,一旦失去了这种特征,儿童图书馆便也失去了它对社会的功利目的,当然也就完全丧失了其起码的存在条件。

总而言之,"存贮文献资料"和"传递文献资料"既是各类图书馆的本质属性,亦是儿童图书馆的基本属性。它决定着儿童图书馆的生存,决定着儿童图书馆的一般属性。儿童图书馆的一切基本运动片刻不能脱离它、违悖它,凡是符合这一本质属性的儿童图书馆的行动,都是正确的、科学的。反之,即为不正确的、不科学的,此间绝无回旋余地。

二、儿童图书馆的一般属性

如果说本质属性是儿童图书馆的个性表现的话,那么,一般属性便是儿童图书馆与其相近事物的共性表现。在本书第三章中,我们已经对儿童图书馆的发生发展问题进行了研讨,从科学的探讨之中我们了解到,儿童图书馆的发生发展,是人类社会发展、活动的需要,儿童图书馆作为社会的一个人工、开放的系统,它不能孤立地存在,需要与其他相关的科学、文化、教育等单位联系交织为更庞大的科学文化教育系统。因此,儿童图书馆除了它自身特定的本质属性外,同时兼具与之相关单位的共同的属性,即社会性、依辅性和科学性。

(一)儿童图书馆的社会性

社会性,指的是"人与人之间、事物与事物之间相互联系、相互依存的关系"(《理论图书馆学教程》,南开大学出版社)。图书馆的社会性,则指的是:"它作为人类创造的社会机构,在其发展过程中能现出不同社会形态的特点"(《图书馆学概论》,书目文献出版社)。具体地说,儿童图书馆的社会性主要体现在以下几个方面:

1. 儿童图书馆所收藏的文献资料是人类社会的宝贵财富。

文献资料是儿童图书馆生存的基本物质条件。人类几千年的文明史,通过图书馆的广泛收集和保藏,使之一代代地流传下来。在儿童图书馆内,广大少年儿童读者可以纵横几千年地吸吮、享用我们祖先共同积累、创造的丰富的精神财富,从中受到思想教育,得到知识的补充和科学的启迪,为其成熟后去进行新的精神与物质财富的创造,奠定下牢固的基础。一位来儿童图书馆阅览的老师,手捧着一套《十万个为什么》丛书不无感慨地说:"不要讲儿童图书馆千千万万的各学科的藏书,就是这一套《十万个为什么》,如果孩子们通读过,就能称得起是个小科学家啊!"

2. 儿童图书馆的读者具有广泛的社会性。

现代的儿童图书馆与其他类型的图书馆都以"具有最广泛的读者"而自豪。儿童图书馆的读者对象当然是以少年儿童为主,但和少年儿童读者有着密切关系的教师、作家、家长及一切为儿童服务的单位、个人亦均列入了儿童图书馆的读者队伍中。由此可见,儿童图书馆的读者来自社会的各阶层、各行业,最为直接地表现了儿童图书馆读者的社会性。然而,对于从属于儿童图书馆系统范畴的学校图书馆,有的人则认为它们不具有社会性。对此我们是这样认为的:就目前我国学校图书馆的基本情况来看,它们尚无能力冲破校园围墙的限制,开展为社会服务的工作,但从世界范围上看,一些先进国家的学校图书馆却已经突破了学校图书馆服务范围的限制,开始了为学生家长服务的新内容。这说明,无论哪一种类型的儿童图书馆,它的服务都不应拘泥在习惯性的限制范围内,而应尽自己的最大努力,为最广泛的读者提供其利用馆藏的便利,这才是儿童图书馆最崇高的生存目的。

3. 儿童图书馆事业和儿童图书馆工作本身需要社会的支持。

儿童图书馆事业自它诞生之日,便得到了社会的扶助与支持,可以这样讲,没有社会对儿童图书馆事业的哺育,任何国家的儿童图书馆事业都难以发展。因此,依靠全社会的力量来兴办少年儿童图书馆,发展儿童图书馆事业,是我们长远的战略方针。例如温州市少年儿童图书馆,就是国家与个人集资兴建的、具有现代化水平的一所大型儿童图书馆。此外,江苏、浙江、广东、福建、湖南、辽宁等许多省市,近几年也涌现了大批个人独资兴办的儿童图书馆。湖南某地山区的一位养花个体农民,不但在家中办起了儿童图书馆,而且在其村、乡开展送书到户、阅读指导等服务项目;江苏省某地的一位老农,遗憾自己的一生没有文化,年逾花甲之际,慷慨投资办馆,并组织起"读者之家",教育孩子们读书求知,争取成为一名有文化的祖国建设人才。

除此之外,儿童图书馆事业的发展,还表现在实现事业组织的网络化,即资源共享的社会化趋势上。现代的儿童教育工作方法与研究,乃全社会所普遍重视的重大课题。这个课题,绝非一个单位、一个地区就可以承担的,它需要在跨地区、跨系统以至国际范围内,真正充分地实现图书情报资源共享的前提下,才能顺利完成。因此,儿童图书馆事业组织的网络化发展趋势,也是其社会性的自然表现。

儿童图书馆的工作同样也是离不开社会支持的,仅以每年各地儿童图书馆举办的图书活动为例,其活动组织、活动经费、活动的评选奖励,几乎每一环节都需要社会上的教育系统、共青团系统、新闻出版系统的支持。有些地区的儿童图书馆,为了征集到足够的活动经费,还将工矿、商业等单位列入其赞助之列。我们在这里以儿童图书馆的读书活动作为事例,不过是因为它的社会性表现最为明显、易见而已。纵观儿童图书馆的工作,从采集文献资料直至为少年儿童提供文献资料的流通服务,时时处处无不体现着儿童图书馆与社会的密切关系,即儿童图书馆的生存离不开社会的支持,而社会的文明进步同样也离不开儿童图书馆的辅助。由此可见,儿童图书馆作为社会文献信息交流的一种工具,它具有社会性是客观之必然。

(二)儿童图书馆的依辅性

儿童图书馆的依辅性,实际上包括依附性与辅助性两层含义。从表面上看,依附与辅助是一对矛盾:依附性,即指儿童图书馆自身并非一个经济实体,它在经济上必须依附于社会才能生存的性质;辅助性,则指的是儿童图书馆对社会发挥的辅助地位的功利作用。如若我们对儿童图书馆的依附性与辅助性的关系做进一步认真地分析的话,就会发现,其二者实质上是一个统一体。依附性,系儿童图书馆存在的基础;辅助性,系儿童图书馆存在的价值。它们之间不但不矛盾,而且相辅相成。因为,儿童图书馆的依附性保证了它的社会存在,使儿童图书馆的社会辅助性得以积极地发挥,如果儿童图书馆对社会的辅助性没有得到发挥,社会当然也就不会允许它依附性的继续存在。所以说,依附性与辅助性是儿童图书馆这一事物的两个侧面,它们共同构成了儿童图书馆的依辅属性。

儿童图书馆依附性表现得很直接,形式亦较简单,它的购书经费、人员工资、活动经费及行政开支等,都需要或由国家列入计划拨款,或由团体、个人的资助来给予解决。在我国,绝大多数具有一定规模的各类型儿童图书馆,都是依靠国家计划拨款而生存的,只有为数极少的馆得到了社会团体或个人的长期、固定的经费资助。依靠国家拨款这种生存形式的优点在于：它可以获得相对稳定的经济基础，有利于我国儿童图书馆事业发展的长远计划；其缺点在于：儿童图书馆的经费利用受到上级主管部门的指令性制约，缺乏灵活性、科学性和主动性。例如某地区儿童图书馆反映，他们的馆藏文献数量，在一定时间里已经能够满足读者的需要，因此打算将部分购书经费来添置一些为儿童读者服务的现代化声像设备，以符合儿童图书馆开展阅读指导工作多种形式的要求。但上级主管部门却坚持原计划，不准许挪作他用，结果，有限的经费却因刻板的管理不能用在应急之处。

儿童图书馆的辅助性表现的较为复杂，它既表现在儿童图书馆的运动过程中，又表现在儿童图书馆的运动终结上。具体地分析，儿童图书馆的辅助性主要表现在服务性和教育性两个方面。

1．儿童图书馆的服务性。

对于儿童图书馆服务活动的性质认识，过去我们受成人图书馆工作规律与认识的影响，仅限于精神服务范围内，通过图书馆书刊资料的收集、整理、保存与传播、利用，在文献资料流通借阅的过程中加以实现。实践证明，这种认识和因这种认识设计出的服务内容（文献流通服务），是绝对满足不了广大儿童读者需求的。

大家知道，儿童图书馆的服务对象主要是儿童，换言之，是各年龄阶段的孩子们。他们作为尚未成熟的人，既需要在儿童图书馆丰富的馆藏文献资料中吸取养分，补充自己的科学文化知识，同时，在进行阅读的活动中所造成的身心消耗，又必须从儿童图书馆及时得到物质上的调剂和补充，否则，引起儿童读者心理与生理上的失调，便是儿童图书馆最大的工作失败与失职。因此，世界上先进国家的图书馆，普遍设立舒适的读者餐厅、读者散步的场地，儿童图书馆还特别为儿童设立了调节其阅读活动的各种娱乐场所。在我国，八十年代新建的温州、厦门、南宁、湖南等省市少年儿童图书馆,也开始增设为小读者物质生活服务的必要部门,以期达到儿童图书馆既对儿童读者开展知识信息的服务,又配合有相应的生活服务内容,使儿童图书馆真正成为孩子们身心健康、全面发展的培育沃壤。

我们认为,只有在儿童图书馆将自己服务性表现的最全面、最彻底的时候,它对社会所承担的教育、培养儿童的辅助性,方能更充分地体现出来。

2. 儿童图书馆的教育性。

儿童图书馆对它的读者的教育,与学校教育不同,它是潜移默化的,与成人图书馆也不同,它是多方面的。儿童读者在这里,可以通过儿童图书馆工作者的指导,正确地阅读大量文献资料,受到理性的教育;儿童图书馆那富于幻想的建筑形式与设备,整齐、洁净的馆舍与举止端庄、言谈文雅的工作者,以及图书馆整体布局所赋予人的肃穆、庄严的感受,又可以使儿童读者受到感性的教育。二者交融在一起,形成了儿童图书馆的完整教育。

儿童图书馆的教育特点是:

(1)儿童图书馆的教育是读者完成"终身教育"的基础教育。

当今时代,人们将图书馆称为"完成人类终身教育的学校",将儿童图书馆称为踏进这所学校的"基础学习班",这是很有道理的。因为人的一生可分为几个年龄阶段:儿童时代、青年时代、中年时代、老年时代,图书馆为了承担起它对人类终身教育的责任,针对各年龄阶段和其知识结构层次,分别设立了不同类型的图书馆,如为处于儿童时代的读者设立的公共少年儿童图书馆、中小学校图书馆;为青年时代的读者设立的青年图书馆、大专院校图书馆;为成年人劳动者设立的成人公共图书馆、各专业图书馆及老年人图书馆等。在这诸多类型的图书馆中,儿童图书馆是人的一生中最早接触的图书馆,小读者于此不仅要学习到阅读的方法,更重要的是要学会独立学习、独立利用图书馆的技能技巧。孩子们如能自幼掌握这些自学的本领，就犹如掌握了打开科学迷宫的钥匙，为其将来进一步利用其他各类型图书馆的丰富馆藏，来提高自己的思想文化水平，正确地认识、改造客观世界奠定下良好的基础。所以，革命导师将"有多少儿童来阅读图书和利用图书馆"，作为"值得公共图书馆骄傲和引以为是"的标准之一。

（2）儿童图书馆的教育是形式多样、内容丰富的教育。

儿童图书馆的读者对象决定了儿童图书馆的教育形式是灵活多样的，从教育范围上划分，它有集中教育与个别教育两种形式。集中教育，即把儿童读者集中在一起，施加广泛的图书馆教育。它属于"面"的教育形式。个别教育，即对某个小读者施加的具体的图书馆教育。它属于"点"的教育形式。"点"的教育与"面"的教育相结合，共同构成了儿童图书馆完整的教育结构。从教育形式上划分，儿童图书馆教育可划分为思想性教育和知识性教育两种。思想性教育，其着眼点在于儿童的思想品德教育方面；知识性教育，则侧重于儿童的科学文化知识教育方面。思想品德教育与文化知识教育相结合，使儿童图书馆的教育成为对儿童读者的完美教育体系。从教育方法上划分，儿童图书馆的教育可分为课堂式教育、自学教育、娱乐式教育等。这些有教育辅导、有自己理解、有直接感受的多种教育方法的结合，又使得儿童图书馆的教育成为具备相当深度和广度的理性教育模式。因此，我国图书馆学专家罗友松先生在他撰写的《关于少年儿童图书馆的几个问题》一文中，称赞儿童图书馆是："对少年儿童进行思想品德教育，普及科学文化知识的教育、文化机构，是培养少年儿童具有社会主义精神文明，造就共产主义事业接班人的重要阵地之一。"

（3）儿童图书馆的教育主要是通过读者的自学来实现的。

我们前面所列述的儿童图书馆的种种教育，归结概括起来，无外乎一是政治思想、科学文化知识的教育；一是独立自学方法的教育。无论哪种教育，儿童图书馆都是通过文献资料的传递和读者对其有益的利用来加以实现的。尽管儿童图书馆的阅读指导工作十分必要，但其最终也仅仅是辅助性的，因为它授与读者的是"渔"（即方法技术），而并非"鱼"（这里指科学文化知识）。

既然儿童图书馆的教育主要是通过读者的自学来实现的，那么，儿童图书馆于其间的作用是什么呢？

A、提供读者良好的自学场地和自学环境。

图书馆的建筑、设备有两个特点，一要宜于文献的收藏，二要适于读者的使用。儿童图书馆必须谨慎地从不同年龄阶段的儿童读者生理、心理特点出发，对图书馆的外形设计、采光、阅览桌椅、书刊架柜、阅览休息厅场以及廊壁宣传、装饰等做出一定的要求。譬如，儿童图书馆的环境设计，就不能像成人图书馆那样以"静"为主，因为它的主要服务对象——儿童读者的年龄心理特征，决定了它的阅读环境应该是安静阅读与娱乐游戏相互融合交叉，亦即我们通常所说的"静"中有"动"，"动"中有"静"的复杂综合体。近一个世纪以来，儿童图书馆的环境设计者、研究者们，绞尽脑汁精心构思，力求设计出一个真正动、静结合的理想世界，为孩子们切实地创造出他们所需要的自学天地来。相形之下，我们以为世界上再没有哪一个机构，比儿童图书馆更重视青少年儿童阅读环境的设计与设置了。因此，儿童读者在儿童图书馆得到的自学环境，可以说是最佳的、最科学的环境，也是相对最理想的自学环境。

B、提供读者丰富的文献学习资料。

儿童图书馆收集丰富的文献资料，其目的并不是仅仅为了收藏，它之所以妥善地保存散见于社会上的各种文献资料，最终还是因为这些文献资料，具有为人们所开发、利用的价值。假如一所儿童图书馆收集的文献资料毫无利用价值，那么，我们很难想象其利用者会蜂拥而至、接待不暇。所以，儿童图书馆采访部门对孩子们阅读需求的随时随地的调查，其目的是为了尽全收集符合孩子们需要的文献资料入馆；借阅部门严肃认真地对孩子们阅读心理的研究,其宗旨是为了把书库中优秀的"精神食粮"全部奉献给孩子们享用。如此精心地为儿童读者提供文献资料的专门机构,除儿童图书馆外,确实是绝无他处了。

C、提供读者科学的阅读方法与利用图书馆的知识技能。

正确的阅读方法,是阅读效益的保证。我们知道,一个读者,特别是儿童读者,在他不能掌握科学的阅读方法之前,即使他得到了最优秀的文献资料,从中所获取的收益也是非常有限的。然而,由于人与人的生理条件和心理条件并非完全一样,故而其阅读的方法亦不尽相同,这就要求我们儿童图书馆工作者,及时地、因人而异地帮助儿童读者根据其自身的基本条件总结出一套适宜的科学阅读方法来。

同样,掌握利用图书馆的知识、技能,并不比掌握一套科学的阅读方法容易。因为利用图书馆的知识、技能内容范围颇广,广到几乎要包容整个图书馆学各主要学科的知识内容和工作方法了。当然,我们这里讲的"各主要学科知识"和"主要工作方法"是指经过图书馆专业工作者加工、压缩后而成为的普及性的知识和技能。儿童读者能否掌握这些知识、技能,乃是他们能否占有图书馆丰富馆藏的关键。

无庸置疑,唯有儿童图书馆这种专门研究、指导儿童阅读的机构,才具备帮助儿童读者学习上述两方面知识技巧的条件和能力。

以上论述说明,儿童图书馆的教育主要是通过儿童读者的自学来实现的,但它的实现必须有儿童图书馆各方面相应工作的辅助。儿童图书馆进行的这些教育性质的工作,便充分的体现出它对社会的辅助性。

(三)儿童图书馆的科学性

所谓儿童图书馆的科学性,系指儿童图书馆收藏的文献资料,开展的文献服务工作和进行的本学科、本专业的工作研究,都体现出其符合客观规律的性质。

1.儿童图书馆的馆藏文献体现出科学性。

儿童图书馆的优秀馆藏文献,是著作者、编辑者、出版者对人类实践经验及科学劳动成果的汇集和总结。广大儿童读者通过对各类优秀文献资料的阅读学习,一方面获得了前人遗留下的科学知识,另一方面又接受当代最新科学文化的教育,因此,儿童图书馆的馆藏文献资料本身就是最为直接自然地体现出了它的科学性。

2.儿童图书馆的工作与工作研究体现出科学性。

儿童图书馆除了它的儿童读者需要的文献服务工作外,它的另一个读者群——成人读者(包括儿童教育、教学工作者,家长等)同样也需要它的文献服务工作。据日、美等国统计,在科学家的研究工作时间表中,仅用以查阅所需文献资料的时间,便要用掉其整个研究时间的 50% 以上。对于科学家来说,时间就是生命,科研时间的扩大即科学家生命的有效延长。而图书馆对于文献资料的收集整理和根据读者所需集中提供服务的工作,无疑替代了科研工作者的长期劳动,为他们节省下宝贵的检索、查阅文献资料时间。但是,文献服务工作并非一件简单的事情,它的成功与否,得取决于儿童图书馆文献采集、加工整理以及保存、流通、参考咨询这一整个工作过程的科学化程度。因此,儿童图书馆的工作大至宏观管理,小到每项具体工作的细微末节,都带有充分的学术性,都必须精心地展开科学研究,把握其客观规律,方能真正行之有效地为读者提供服务。

儿童图书馆的学术研究活动内容十分广泛,它既囊括了自身的各个工作环节,又涉及到与它相关的外部世界;既有内部技术方法的探究,又包含着基础理论的研讨。所以,各类型儿童图书馆都拥有一批具备较强专业知识的人才,来从事此项工作,并将其成果运用到新的实践中去。

总之,儿童图书馆的科学性是通过它的馆藏资料、它的工作过程和对其自身运动规律研究等方面体现出来的。科学性是儿童图书馆为社会发挥其存在效益的保证。

（四）儿童图书馆本质属性与一般属性的关系

儿童图书馆保存与传递文献资料的属性，是其本质属性。由于这个本质属性的作用，才注定了儿童图书馆与社会发生千丝万缕的联系；同时，也造成了儿童图书馆的对社会的生存依附和对社会的辅助功利性能。此外，它还严格地要求着儿童图书馆运动的高度准确性与科学性，以便保证它完成传递文献信息的任务。由此可见，儿童图书馆的本质属性决定着它的一般属性，一般属性则是其本质属性的派生物。

但同时，儿童图书馆的一般属性间无论哪一种属性发挥的不正常，都将势必反过来严重地影响其本质属性的发挥。所以说，儿童图书馆的本质属性与一般属性的关系，既互相制约，亦相辅相成，它们共同构成了儿童图书馆的完整的性质。

第三节　儿童图书馆的职能

职能，指的是一事物、机构本身所具有的功能或起的作用。那么，儿童图书馆究竟具有哪些功能作用呢？下面我们就来探讨一下这个问题。

儿童图书馆的职能是由儿童图书馆的性质来决定的。既然儿童图书馆的性质分为本质属性和一般属性，那么，它的社会职能也自然要有基本职能与一般职能之分了。

一、儿童图书馆的基本职能

所谓基本职能，亦称自然职能，它是一个事物产生之际便自然固有的内在机能。基本职能与基本性质密切相联，构成了该事物的特殊运动规律。为此,儿童图书馆的基本职能便是收藏与传递儿童文献资料的功能。

收藏儿童文献资料的功能包括:文献的收集、整理、加工和组织管理等内容。实际上,它的全过程就是对杂乱的社会儿童文献流的整序过程。所谓的"文献流",即社会文献不间断地涌现,连续地运动的状态;所谓的"整序",即儿童图书馆对社会上文献流的组织和控制,使其成为有序的文献集合体。

传递儿童文献资料的功能包括:文献资料的借阅流通、宣传辅导、复制翻印、检索咨询等内容。实际上,它的全过程就是对儿童读者的服务过程。

儿童图书馆的这种"收藏"和"传递"的基本职能,是通过其系统内部每个具体环节来加以体现的。它们二者的内在关系是:前者以后者为目的,后者以前者为基础;前者功能发挥的程度制约着后者功能效益的优劣,后者的功能效益又决定者前者功能的稳定状态。它们之间既是一对矛盾,即"藏"与"用"的矛盾集合,又是一个统一体,即构成儿童图书馆这个事物区别于其它类型事物的自然作用。儿童图书馆一旦失掉了这个职能作用,其结果即失掉了它的本质属性,它自身便不复存在了。

二、儿童图书馆的一般职能

一般职能,亦称社会职能,顾名思义,指的是儿童图书馆普通的、由其基本职能派生出来的社会作用。它反映儿童图书馆与社会的联系,并表现出儿童图书馆与相关单位的共性。

概括地讲,儿童图书馆的一般职能主要指保存人类文化遗产、传递儿童文献资料、对儿童进行社会教育与丰富儿童文化生活等几个方面。

(一)保存人类遗产的职能

儿童图书馆的发生发展历史告诉我们,它的发生,纯系为满足人类保存自己的文化遗产的要求而发生的。无论近、现代哪一种类型的儿童图书馆,尽全收集社会上分散且零乱的儿童文献资料,都是它们最为首要的任务。一位图书馆学专家精辟地指出:"没有社会文化的继承,就没有社会的发展。继承的系带和桥梁是文献。"然而,由于我国儿童图书馆的发生时间较晚,加之人们对儿童文献的正确认识的形成经历了一个较为漫长的过程,所以,目前我国的儿童图书馆均无古代儿童文献珍藏,这不能不说儿童图书馆事业的一个重大损失。

鉴于儿童图书馆的类型与任务不尽相同,因此,它的保存人类文化遗产的职能不是绝对的。我们认为,大型的、公共的儿童图书馆,应该也必须具有这项职能,而那些中小型的儿童图书馆,如区、县儿童图书馆(非直辖区、县),普通中、小学图书馆,少年宫(家)图书馆则没有必要担负这一使命。特别是在知识激增、社会文献大量涌现的今天,倘若一概要求各级儿童图书馆都具备此项使命,更是既不实际又不科学的。

(二)传递儿童文献资料的职能

儿童图书馆收藏人类文化遗产,其目的我们一再强调是为了提供读者利用。可是,馆藏资料不可能自己跑到读者的手中,它们需要一个中介物,即儿童图书馆的中间传递,才能准确、迅速地送到读者案头。这种文献的传递过程,我们称它为"文献交流的正式渠道"。此外还有"非正式渠道"(即文献的直接传播)。文献交流的正式渠道与非正式渠道的区别在于,正式渠道传递的文献资料是经过图书馆组织与控制后,形成的一个有序的知识集合体,能充分地发挥出自己的潜在能量;非正式渠道传播的文献资料,却是散乱无序的,难为读者所驾驭利用。因此,对于一般幼稚单纯的儿童读者来讲,儿童图书馆的传递文献的职能就显得尤为重要了。

(三)对广大儿童进行社会教育的职能。

如果认为成人图书馆的社会教育功能是通过读者的文献阅读

活动实现的话，那么，儿童图书馆的社会教育职能应该是通过儿童读者的阅读活动来实现的。著名学者蔡尚思先生讲："……人要有两个老师，一为活老师，二为死老师，即图书。而死老师的可贵又超过活老师……对于儿童图书馆的读者来说两种老师都非常重要。"大家知道，儿童的知识结构、思想素质和他们的自学能力都处在人生最重要的发展阶段，面对良莠不齐、鱼龙混杂的大量文献资料，他们尚不具备从中优选与正确阅读的能力条件，我们根本无法想象没有图书馆工作人员的科学辅导，孩子们能够健康的展开阅读活动。在儿童图书馆的实践活动中，孩子们因缺乏及时的阅读指导而身心俱毁、误入歧途者的悲惨教训，是我们时时刻刻应该引以为戒的警钟。由此可见，儿童图书馆在其发挥社会教育的功能之际，绝不可以放任孩子们滥读，一方面我们应通过书刊资料对儿童读者进行政治思想教育，一方面我们应通过书刊资料对儿童读者进行科学文化知识的普及教育，只有双管齐下，"两种教师"并存地进行儿童读者的智力开发工作，才是儿童图书馆教育职能最全面的表现。

（四）丰富儿童文化生活的职能

儿童图书馆丰富儿童文化生活的职能表现在：（1）它本身是开展儿童科学、文化、教育的场所之一；（2）它所拥有的丰富的馆藏资料充满了儿童文化的趣味；（3）儿童阅读书刊资料活动的实质，即提供他们文化知识的享受。此外，"寓教育于娱乐之中"是儿童图书馆读者工作最突出的特点。随着"没有乐趣的读书活动就没有广大的儿童读者"的事实逐渐被人们所认识，近些年来，我国各类型的儿童图书馆在这方面均做出了大量的有益实践，如举办"小读者文学社"、"儿童音乐欣赏晚会"、"书中戏剧表演"、"读书游艺会"、"儿童踏青书会"等等，其形式之丰富，内容之活泼，教育意义之深刻，都是其他类型图书馆所望而兴叹的。我们相信儿童图书馆丰富儿童文化生活的这一职能，今后还将会有更宏大的施展天地。

三、儿童图书馆的基本职能与一般职能的区别

如前所述,儿童图书馆的基本职能与一般职能的根本区别在于:

1. 基本职能是其自然固有的,它与儿童图书馆的基本性质紧密联系,构成了儿童图书馆的特殊运动规律。一般职能则是基本职能派生出来的,它既被其基本职能所决定,同时又与儿童图书馆的一般属性相联系,反映了儿童图书馆与社会的关系。

2. 基本职能是稳定的,具有一定的永恒性;一般职能是随着社会的发展需要不断的充实变化的。

3. 基本职能决定了一般职能,但一般职能发挥的优劣也影响着基本职能的发挥。因此,它们二者必须相辅相成,才能使儿童图书馆在社会上取得良好的工作效益。

第六章　儿童图书馆内部工作对象

　　儿童图书馆的内部工作对象,我们指的是儿童图书馆系统内部运动的目标。通过前五章的探讨,我们已经了解到,儿童图书馆系统主要依靠它从社会上获取大量的、无序的儿童文献,经过其加工、整理,使之成为有序的知识集合体提供给社会利用,来保证自己健康地生存。由此可见,儿童文献是儿童图书馆系统内部运动的主要目标,亦即其内部工作对象之一。然而,儿童图书馆中的文献采集、加工、整理以及组织等工作不是坐观即成的,它需要儿童图书馆工作人员的科学劳动才能得到理想的结果。于是,为了实现科学的、理想的优质工作水平,我们就必须在儿童图书馆的大系统内,以地区中心儿童图书馆为主,展开对本系统内各类型儿童图书馆工作人员的业务辅导与研究的活动,这样,我们系统内部的专业工作人员,自然而然地就成为了该系统内部工作的另一个对象。所以讲,儿童图书馆的内部工作对象实际有两方面,一个对象是儿童文献(即采集、整理、加工、保存文献资料工作),一个对象是儿童图书馆业务工作者(即业务辅导工作)。下面,我们就在本章内首先展开对儿童图书馆的内部工作对象——儿童文献的概括研究。

第一节　儿童文献的类型

"文献"一词于我国的出处,本书第一章中我们已经简要地做了介绍。在国外,"文献"一词的出现却大大晚于中国。它是一九〇五年由法国的保罗·奥特勒(P. Otlel)首先提出的。一九七〇年,《美国资讯科学协会杂志》(原名《美国文献》)将"文献"一词定义为:历史上所形成的、以各种方式记载的人类科学文化知识的各种物体载体。

一九七七年,国际图联在《国际标准书目著录(总则)》中,正式注释"文献"为:"item(文献)是指任何实体形式出现的文献……。"《中华人民共和国国家标准 GB3792.1－83 文献著录总则》则更为明确地定义"文献":"记录有知识的一切载体。"据此,我们可以将儿童文献的概念推论为:专门为儿童使用的记录有知识的一切载体,叫做儿童文献。

一、儿童文献的类型

儿童文献的类型划分,与成人文献资料的划分标准不存在根本性的区别。因而在划分儿童文献类型的时候,我们完全可以借助一般文献的划分标准来认识儿童文献。

1. 按照文献的记录形式来划分儿童文献类型,可分为书写型、印刷型、缩微型、视听型和机读型等等。

2. 按照文献的编撰方法和出版特点来划分儿童文献类型,可分为图书、期刊、小册子、产品样本、产品目录等。

图书,这是一种成熟的出版物。它的形式多样,其共同特点是有封面、书名页、正文、用印刷或手写的篇页组成一个整体,并装订成册。每种书都有一个中心主题和论述系统。

期刊的概念有狭义与广义两种。狭义的概念:指凡有一个固定名称,统一的出版形式和装帧,有一定的出版规律,每年至少出一期,每期载有两篇以上不同作者的论文,按一定编号顺序连续出版下去的一种出版物。广义的概念则包括定期刊行或不定期刊行的连续性出版物。由于期刊内容包罗万象,既可刊登学术论文,又可刊登普及性知识或小说、诗歌、奇闻轶事等,所以我们又俗称它为"杂志"。

小册子:是一种篇幅较小的图书。联合国教科文组织规定:49页以下的图书称为小册子。

以上三种文献是儿童图书馆的主要馆藏对象,其中图书入藏比例最大。故而,这三种类型文献中的图书也是儿童图书馆内部工作的主要对象。

3.按文献内容划分儿童文献类型,可分为理论著作、技术著作、文艺著作、工具书、手册、年鉴等。这里所讲的理论著作不是指那些专深的各学科(课题)理论研究的学术性著作,而是指适宜儿童阅读的基础性的、普及性的科学理论著作;技术著作也非指高精、专深的技术方法著作,而是多指具有启迪智力、培养儿童制作技巧的初级技术著作。

4.按文献用途划分儿童文献类型,可分为专著、教科书、工具书、标准等。

5.按文献的传播范围划分儿童文献类型,可分为公开文献和内部文献。有时候,对儿童图书馆来说,公开与内部的区别是相对的,例如适宜这个年龄阶段儿童阅读的文献并不一定适宜其他年龄阶段的孩子阅读,那么这部分文献相对于不适宜者来说,亦可视为内部文献。当然,内部文献主要还是指不宜公开、广泛地为孩子们所阅读的文献资料和那些版本珍贵者。

6.按文献的加工形式来划分儿童文献类型,可分为一次文献、二次文献和三次文献等。

一次文献:即原始文献。指作者以本人的研究成果为基本素材而创作(或撰写)的原始文献。其创作无论是否引用或参考了他人的著作,也不论该文献以何种物质形式出现,均属一次文献。

二次文献:系文献工作者对一次文献进行加工、提炼和压缩之后所得到的产物。它是为了便于管理和利用一次文献而编辑、出版和累积起来的工具性文献。它一般包括目录、题录、文摘、索引、百科年鉴、手册、名录等等。二次文献由于是对一次文献加工后的产物,所以通常亦称它为"第二手资料"。

三次文献:是指在深入研究、分析一次文献、二次文献的基础上概括而成的产物。它包括述评、综述、书目指南等等。

将儿童文献像科技文献那样划分为三个结构等级,不仅突出了儿童图书馆所具备的情报传递性质与任务,而且对儿童图书馆开展儿童读者阅读指导,使孩子们更科学、准确地利用文献资料,也有着不容忽视的积极意义。

7.按文献的语种划分儿童文献的类型,可分为中文文献、外文文献、少数民族文字文献和盲文文献等。

在上述七种划分儿童文献类型的标准中,我们经常采用的是"按文献的编撰方法和出版特点"来划分儿童文献类型的标准。

二、文献与图书的区别

本书第一章中,我们已经大略地讲过文献与图书的区别,在此我们将进一步地较细致地认识一下这个问题。

文献的定义是:"记载有信息和知识的一切载体"。

"图书"一词倘若分解开来,那么"图"和"书"就各具其意义了。"图"在我国专指用线条、颜色描绘的形象,如《荀子·荣辱》:"循法则度量刑辟图籍。"杨倞注:"图谓模写土地之形。""书"字讲法则复杂一些,如杜甫的著名诗句:"烽火连三月,家书抵万金"中的"书"做信函解;《史记·礼书》司马贞索隐:"书者,五经六籍总名也"中的"书"为载籍的通称;此外,"书"字还泛指用文字记载、装订成册的著作。

"图"与"书"二字合成"图书"一词,在我国史书中早有记载,如《史记·肖相国世家》:"何独先入收秦丞相御史律令图书藏之。沛公为汉主,以何为丞相。汉王所以具知天下厄害、户口多少强弱之处,民所疾苦者,以何具得秦图书也。"这里的"图书"一词为地图、法令、户籍的统称。但《尚书·序疏》却解释"图书"是:"百氏六家,总曰书说也。"《说文解字》又提出"著于帛谓之书。"

近现代的专家学者们对"图书"的定义也颇为异议:

《哈合罗德图书馆业务常用词汇》注释"图书"是:"四十九页以上(不计封面)的非定期出版物。"

李纪有先生强调:"图书是一种成熟定型的出刊物。它的形式多种多样,其共同特点就是都有封面、书名页、正文,用印刷的或手写的篇页组成一个整体,并装订成册。每种书都有一个中心主题和论述系统。"

刘国钧先生则认为:"图书是以传播知识为目的而用文字或图画记录于一定形式之上的著作物。"

谢俊贵同志在《图书学基础》一书中将"图书"定义为:"就是通过运用一定的方法与手段将知识内容以一定形式的符号(主要是文字、图画),按照一定的体例系统地记录于一定形态的材料之上的用以表达思想、积累经验、保存知识与传播知识的工具。"

我们认为,从图书馆学的研究角度出发,李纪有先生对图书概念的定义是比较明确的,更符合图书馆的工作需要。他在图书的概念中,清楚地规定了图书的形式和内容特征,这样就为我们进而区别文献与图书创造了条件。

文献与图书的区别,概括地讲主要有以下几点:

(一)概念包容范围上的差异

从文献和图书的各自概念来看,文献的内涵大,图书的内涵小。文献的概念中包容着图书,而图书是文献系统的组成部分。例如:碑文、甲骨、古字画等都可称之为文献,而称为图书显然就不恰当了。图书的范围,只局限在传统的出版物上,文献却不仅包括传统的出版物,还包括一切其他形式的读物。

（二）载体范畴上的不同

凡是记载有知识的一切载体,如甲骨、竹木、金石、锦帛、纸张、胶片、磁带等,我们均可列入"文献"之列。"图书"的载体则一般只能是简策、帛、纸等。当然,有些极特殊的图书,像金书、石书之类的载体,虽打破了传统的制书习惯,但其数量极微,不能作为我们普遍认识的根据和基础。

（三）记录形式上的区别

由于文献载体的多样化,决定了文献的记录形式的多样化。"文献"的记录形式,包括有传统的印刷、手写和现代化的声频、视频等制作手段;"图书"的记录形式,仍限于印刷和手写的基本形式。

（四）使用方法的差异

文献载体及其加工形式的多样化,造成了文献的使用方法的不同。属传统加工形式的文献可以为人们直接阅读;经现代化手段加工的文献,则需通过一些辅助设备,如录音机、录像机、电影机、缩微阅读机等来完成阅读活动。而图书的使用方法相形之下简便了许多,人们可以直接地阅读与利用。

综上所论,我们图书馆工作者,尤其是儿童图书馆工作者,绝不应该简单地把文献与图书的概念等同相视。

第二节　儿童图书馆的馆藏文献

依照本章第一节"关于儿童文献类型的主要划分标准"从文献的编撰方法、出版特点和记录形式来看,儿童图书馆的馆藏文献大致可以分为两类,即图书和非书资料。通常工作中,我们依据编辑学的称谓,统称它们为"儿童读物"。最近,有些儿童图书馆工作者提出:儿童玩具(包括电子游戏机等)亦应列入儿童图书馆的馆藏文献范围之内。我们认为,这种认识在现阶段并非是完全错误的,其原因在于:

1. 现代国外出现了一种专门为残疾儿童服务的"玩具图书馆",馆内收集有大量的儿童玩具,为身患残疾的儿童服务。其开设目的,主要是为了启迪那些特殊儿童读者的智力,逐步培养残疾儿童对图书馆的情感。我国目前有些地区也仿效国外,开办了一些"玩具图书馆"或在公共儿童图书馆内设"儿童玩具室",但它们的服务对象却不单纯的只是残疾儿童,而是所有的学龄前儿童。我们认为,儿童图书馆把玩具当作一种吸引孩子们到馆阅读的手段,是无可非议的,然而,如果我们将儿童图书馆购置与提供玩具服务视为儿童图书馆的目的,甚至不论何种玩具都统统当做是文献而尽全收藏的话,那却实在是对儿童图书馆馆藏文献范围的一种误解。

2. "玩具"的概念是:专供儿童玩儿的东西(《现代汉语词典》注)。"儿童文献"的概念是:专门提供给儿童使用用的记录有知识的一切载体。一般情况下,儿童玩具与儿童文献没有什么必然的联系。在人类生产技术发达的今天,有些智力玩具确实已经载有一定内容程度的文化知识,玩具生产单位也愈来愈注重产品的教育性质。但是从大多数普通玩具的生产目的来看,终究还是提供孩子们享乐的娱乐品,难成一定体系的知识载体。至于智力玩具或儿童影片(置于玩具放映机中使用)、幻灯片及模型等,我们不否认,它已具备了玩具和文献的双重性质,择其有价值者作为馆藏文献,为后人留下今天的史料,亦不失为有远见之举。然而,我们要强调的是,这是指那些"文献化"了的玩具,一般玩具终归是玩具,它的基本属性与文献存在着根本的区别,儿童图书馆没必要也不应该盲目地把它全部列入到馆藏文献的行列中来。

下面,我们对儿童图书馆的馆藏——儿童读物的类型,进行一番认真的研究。

(一)划分儿童读物类型的意义

1.通过对儿童读物类型的划分,可以把儿童图书馆中数量、种类众多的儿童读物序列化、条理化、等级化、系统化,既便于小读者检索利用,又便于公务人员采集、保存和提供服务。

2.通过对儿童读物的类型划分,可以揭示出各类儿童读物产生与发展的规律,为儿童图书馆工作者进行儿童读物的专门研究奠定基础。

3.通过对儿童读物的类型划分,可以使儿童图书馆工作人员准确地掌握不同儿童读者的阅读心理与阅读规律,及时、科学地开展对孩子们的阅读指导工作。

4.通过对儿童读物的类型划分,可以促进管理部门对儿童图书馆馆藏文献的了解,随时配合社会的政治、经济、文化的需要,修定儿童图书馆工作的决策、政策,为儿童图书馆的进一步发展做出正确的规划。

总而言之,划分儿童读物类型的主要意义,在于能使我们进一步真正地了解自己的内部工作对象,了解它的客观运动规律,以便最佳地利用它为广大儿童读者服务。

(二)儿童读物的类型

儿童读物的基本类型包括:社会科学知识读物、自然科学知识读物、文学读物、艺术读物、娱乐游戏读物和音像读物等。每类中它又按照儿童的不同年龄阶段划分为低幼(3—6岁儿童)、学龄初期(7—11岁儿童)和少年(12—15岁儿童)以及青年早期(15—18岁)这样几个内容层次结构,以便不同年龄、不同文化程度的孩子们都可以学习到自己所需的各个门类的科学文化知识,受到全面、系统的阅读教育。

1.儿童社会科学知识读物。

儿童社会科学知识读物指的是对儿童思想道德具有教育作用和增长儿童知识的读物。它的内容包括社会发展简史,古代、近代的历史故事,党史故事,历史人物故事,革命领袖故事,思想修养,品德教育,法律常识,共青团、少先队活动,学习方法等等。如《上下五千年》、《中华人物故事全书》、《少先队活动一百例》、《雷锋》、《元帅的故事》(丛书)等均属此类。

2.儿童自然科学知识读物。

儿童自然知识读物指的是能够帮助儿童奠定自然科学基础理论知识,了解最新科学技术发展,增长儿童观察、思维、操作能力的读物。它的内容包括天文、地理、生物、数学、化学以及各学科现代科学技术的新发明、新成就介绍。如《太阳元素的发现》、《千奇百怪的世界》、《打开原子世界的大门》、《中小学数学基础知识》、《数学万花筒》《少年科技制作》等均属此类。

3.儿童文学读物。

儿童文学读物是儿童图书馆收藏文献的主要内容。尤其在公共儿童图书馆中,它的收藏比例最大,体裁与题材也最丰富。因此在我们展开探讨儿童文学读物之前,有必要首先弄清楚"儿童文学"的定义。

日本的儿童文学理论家上笙一郎说:"无论在欧洲各国,还是在日本,儿童文学的历史都不能说不长,然而,对于什么是儿童文学这样一个问题,却至今没有一个确切的答案。"我国的儿童文学理论家多年来亦一直在摸索研究儿童文学的规律,力求为其总结出一个准确的概念来。综合比较诸多专家学者的研究成果,我们认为,陈子典先生所下的定义:"儿童文学是指切合儿童年龄特点,适合儿童阅读欣赏,有利于儿童身心健康发展的各种形式的文学作品。"是最全面、准确的。因为它首先强调了儿童文学必须要适应儿童的年龄、心理特征和有利于儿童的身心健康发展,其次它指出了儿童文学的特点,明确了儿童文学是专门供孩子们欣赏阅读的文学作品。因此,我们把陈子典先生的定义作为我们认识儿童文学读物的基础。

儿童文学读物主要包括儿歌、儿童诗、谜语、寓言、童话、神话和传说、儿童小说、儿童散文、儿童报告文学、儿童戏剧剧本、科学幻想小说、儿童电影和电视剧本等。

(1)儿歌:它是在儿童中间流传的一种短歌。分为"母歌"和"儿戏歌"两种。"母歌"是大人为婴儿吟唱的摇篮曲、催眠曲等;"儿戏歌"是幼儿游戏间唱诵的小歌,如绕口令、连锁调等,它一般采用叠词叠韵,易唱易记,内容活泼。

(2)儿童诗:系切合儿童心理特点,适宜儿童读诵并能为之理解、赏析的诗歌。它包括叙事诗、童话诗、寓言诗、讽刺诗、抒情诗等五种。如俄罗斯的伟大诗人普希金所写的《渔夫和金鱼的故事》这首童话长诗,便受到了全世界各国儿童们的喜爱。

(3)儿童谜语:暗射事物或文字等,专门供儿童猜测的隐语。儿童谜语的结构较简单,娱乐性很强,它的谜面较之成人谜语的谜面更直接和易于领会。

(4)儿童寓言:它是一种隐含着讽喻意义、简短的、易于儿童领会的小故事。专门为儿童写的寓言故事,一般内容含意都较明显,喻示的道理也并不深奥,但篇幅上较之普通寓言要略长一些。

(5)童话:是一种儿童喜爱的、带有浓厚幻想和夸张色彩的虚构故事。童话与儿童小说、儿童故事的最大区别在于它不受现实

132

生活真实的制约,它一般不能写生活中的真人真事,而是以夸张、拟人等手段来幻化现实生活,表达作家的观点。

（6）神话和传说:神话是指关于神仙或神化的古代英雄的故事。而传说则指人民口头上流传下来的关于某人、某事的叙述。神话与传说的区别在于,神话是幻想虚构的故事,内容着重于事物的起源和对某些自然现象的说明解释,它一般以神、怪、鬼为主人公;传说却是以身具殊能的英雄人物为主人公,其故事内容虽渗有虚幻描写,但往往有一定的事实做依据。

（7）儿童小说:以儿童为读者对象,为其理解和喜爱的小说就是儿童小说。儿童小说亦如成人小说,分长篇小说、中篇小说和短篇小说。有的小说,由于它的读者对象发生交叉,成人与儿童都喜爱阅读,那么,这类小说既可算做成人小说,亦可列入儿童小说之列。

（8）儿童故事:它是以叙述事件为主的,篇幅短小的,适宜低幼儿童阅读的儿童文学类型之一。

（9）儿童散文:即以记叙和抒情为主,题材广阔,文情并茂,篇幅短小并为儿童喜爱与接受的散文。儿童散文与成人散文一样,也包括记叙散文、抒情散文和议论散文三种。

（10）儿童报告文学:它是以儿童及其事迹为写作对象与写作题材的一种报告文学。

（11）儿童戏剧剧本:它是将儿童作为主要观众,适宜儿童欣赏、理解的戏剧剧本。它的舞台演出剧本,可供儿童阅读。它通常包括话剧、歌剧、广播剧等等。

（12）科学幻想小说:它是以普及科学思想和科学知识为主要目的,以科学幻想为基本内容的小说。自然科学幻想小说问世以来,它就成为广大儿童十分珍爱的读物。根据其科学内容性质,科学幻想小说可以划分为"硬科幻小说"和"软科幻小说"二种。如内容涉及数学、物理、化学、天文、机械等"硬科学"的,都称为"硬科幻小说";凡内容涉及人类学、生理学、心理学、社会学等"软科学"的,都称为"软科幻小说"。

（13）儿童电影与电视剧本:它主要是指文学剧本,即专门为儿童拍摄用的,以儿童或儿童喜爱的形象及事件为表现内容的电视、电影文学剧本。由于文学剧本有一定的阅读与欣赏价值,所以也不失为供儿童阅读的一种文学读物。

4.儿童艺术读物。

儿童艺术读物指的是能够指导、辅助儿童学习绘画、雕塑、音乐、舞蹈等艺术技巧和培养其艺术欣赏能力的读物。如《儿童绘画入门》、《小提琴初级学习方法》及绘画图谱、曲谱等均属此类。

5.儿童娱乐游戏读物。

儿童娱乐游戏读物是指以丰富儿童业余生活为目的,提供他们健康娱乐方法的读物。像儿童游戏方法、儿童如何娱乐等内容的图书均属此类。

6.儿童音像读物。

儿童音像读物,从图书馆学角度来说,更确切地称谓应为儿童非书资料或非印刷资料。它的概念是指以音响、形象等方式记录有儿童所需知识的载体。目前,我国出版的儿童非书资料内容,已涉及到儿童读者学习、生活、娱乐等各个领域,是广大儿童深深喜爱的一种读物。儿童图书馆所收藏的非书资料大致包括录音带、录像带、投影片、电影片、幻灯片、图片、智力玩具的模型等,但由于多数非书资料的利用必须通过一定的辅助设备,如录像机、电影放映机,其造价昂贵或使用技术要求较高,所以,儿童图书馆对其收藏尚未普遍。

第三节 我国儿童读物的发展简况

在我国,关于"儿童读物发生"的问题,始终争论不已。有的人认为,儿童读物是我国近现代的产物,古代没有儿童读物;有的人认为,儿童读物与成人读物同时形成与发展;还有的人认为,儿童读物应以清代蒲松龄所著的《聊斋志异》的出版为其产生之日;更有为数相当的人提出,我国的儿童读物与儿童文学的发生时间一致,约于"五·四"运动前后。

实际上,儿童读物在我国古代社会便已有之。《左传·昭公二五年》:"吾闻之,武之世,童谣有之……。"《国语》一书中也记载到:"且宣王之时,有童谣曰:……"可见,自我国奴隶社会起,便出现了较为完整的儿童读物。相传由孔子编定的、我国现存最早的诗歌总集《诗读》一书中,就大量地收集了古代童谣,如《伐檀》、《硕经》、《鸨羽》、《苤苢》等古诗为当时儿童所传唱。此外,先秦诸家散文中《狐假虎威》、《鹬蚌相争》、《守株待兔》、《拔苗助长》、《愚公移山》、《刻舟求剑》、《滥竽充数》等寓言故事也很丰富,这些含意深刻,文词清秀的小故事,千百年来盛传不衰,至今为儿童们所喜爱。

西汉文帝时,黄门令史游编写出我国最早的儿童启蒙读物《急就篇》,该文以三、七字句的口诀,一方面,向儿童介绍各类浅显的知识,另一方面帮助儿童学习字词。而后,晋翰林学士李瀚为家塾编写的《蒙童》,梁周嗣编写的《千字文》,宋王应麟所编的《三字经》及当时的《百家姓》、《神童诗》、《千家诗》及至元明时期卢韶编撰的《日记故事》、肖汉冲编撰的《蒙齐故事》,清熙雍年间的《弟子规》和程允升编写的《幼学琼林》等,都是我国很著名的古代儿童读物。

综观上述古代的儿童读物,我们不难发现,这一时期的儿童读物类型较为单一,基本上偏重了启蒙性的教育读物类。读物内容虽涉及各门类的知识,且具一定的系统性、可读性,但其均贯穿着"以蒙养正"的封建教育思想。我们认为,我国古代的儿童读物之所以种类如此单薄,形式如此简单,主要原因就在于中国人一向将儿童视为成人附属品的封建统治思想所致。我们难以想象在当时社会地位低微的儿童,能促进儿童读物独树一帜地出现在中国文坛之上。

随着清末封建王朝的崩溃,中国封建社会亦宣告瓦解。一大批有识的爱国的仁人志士组成起一支浩浩荡荡的儿童文学创作队伍,大量的形式新颖、内容丰富的儿童读物相继问世,其中梁启超、李叔同、沈心工等人编写的儿童歌曲;林纾、沈若英、吴趼人等人翻译的外国儿童作品;孙毓修、周桂笙、刘半农等人编、译的童话故事;黄遵宪、杨度等人编写的儿童诗歌;以及鲁迅、刘半农、茅盾创作的各类儿童小说等,为我国儿童打开了崭新的、充满知识光明的世界。

"五·四"运动后,我国儿童读物逐渐得到社会的普遍确认,它以其特有的宣传、鼓动、教育作用,唤醒千百万中国儿童加入社会的革命行列,义不容辞地也承担起反帝反封的光荣历史使命。当时的郑振铎、郭沫若、鲁迅、叶圣陶、黎锦晖、张天翼等著名文学家都以不同的形式编写、出版了大量的儿童读物。一九二一年中国共产党诞生,从此儿童读物的编辑、出版工作,便成为我党事业的一个重要组成部分。党所领导下的各革命团体,纷纷为儿童创办各类报刊,如《小孩子周刊》、《济难儿童》、《少年大众》等,它们不仅真实地记录了党所领导下的我国儿童活动的真实情况,而且对广大少年儿童进行了有力的革命思想教育。

抗日战争和解放战争期间,我国儿童读物均以爱国主义教育为主题,号召广大少年儿童行动起来,抵御外强,打倒反动统治。

此间,中国革命圣地延安出版了我国革命历史上的第一本儿童读物——刘御的诗集《新歌谣》(石印本),在陕甘宁边区的孩子中间广泛流传。随后,一九三九年六月,我党又于上海建立了自己的第一家少年儿童出版社,该社创办伊始,便出版了五种《少年文艺丛刊》和多种单行本。一九四六年五月,由陈伯吹、何公超、贺宜、金近等十余人在上海发起组织了"中国儿童读物作者联谊会",该机构的成立对于推动儿童读物编写、出版工作健康地发展起到了良好的作用。

新中国成立以后,在党和政府的关怀下,我国涌现出一大批儿童文学作家,如包蕾、任大星、任大霖、葛翠林、叶永烈、鲁兵、任溶溶、刘厚明等,这些儿童文学作家的产品,进一步促进了儿童读物出版事业的发展。《儿童时代》、《少年文艺》等杂志,就是在宋庆龄同志的直接扶助下问世的。纵观解放后我国儿童读物,其内容包括社会科学、自然科学、文化艺术、娱乐游戏等各个方面,它们既是孩子无声的老师,又是亲密的伙伴。必须承认,儿童读物确确实实已成为新中国广大少年儿童生活里不可缺少的一个重要组成部分。尽管六、七十年代儿童读物曾一度遭到"四人帮"的滥伐,但经过拨乱反正之后,其发展更加迅猛,几十家少儿出版社、杂志社以及其它各类出版社,都将儿童读物的编辑、出版列入自己的重点工作,它们出版的儿童读物已不仅限于图书、报刊这一范围,更为新颖、生动、直观的儿童音像资料也同时出版发行,使我国儿童读物出现了日益繁荣的新局面。

第四节　儿童图书馆的业务辅导工作

一、业务辅导工作的概念

在我们图书馆内部,总是习惯性地把"业务辅导工作"简称为"辅导工作"。这种简称,严格地讲是错误的。因为,儿童图书馆的辅导工作是个大概念,它包括"阅读辅导"和"业务辅导"两类。阅读辅导工作指的是图书馆对到馆读者进行阅读活动的指导与帮助,它的对象是图书馆的读者;业务辅导工作则不然,它指的是在一个地区或一个系统内,中心儿童图书馆对本地区或本系统的各类型儿童图书馆进行业务上的指导与帮助,其具体对象是被辅导馆的业务工作者。

通过"业务辅导"与"阅读辅导"的概念比较,我们应该清楚地认识到,"业务辅导工作"属儿童图书馆系统的内部工作范畴,而"阅读辅导工作"属儿童图书馆系统的对外工作范畴。二者的工作范畴不同,对象和内容也截然不同,因此,绝不能混为一谈。

儿童图书馆的业务辅导工作由于其工作性质和特定的工作内容,决定了并非是各类型、各级别儿童图书馆都需要开展这一项工作。例如,中小学图书馆及其他基层儿童图书馆,因没有开展业务辅导的对象,故而谈不到这项工作的设立。但作为一个地区或一个系统起主导作用,具有着代表性的大、中型的公共儿童图书馆,由于其处在各类型儿童图书馆纵横的连接中枢位置,既具有着较充分的专门的事业经费,可以起到儿童图书馆各项工作榜样的作用,同时还具备大量的本专业人才,便于广泛联系本地区的同类兄弟馆,起到藏书、目录、学术研究和经验交流的中心作用。因此需要担负着业务辅导工作的重任。然而,目前大中型公共儿童图书馆的业务辅导工作还只是刚刚起步,距离我国儿童图书馆事业的要求标准仍存在相当的距离,儿童图书馆的业务辅导工作可谓是"任重道远"。

二、儿童图书馆业务辅导工作的意义与作用

儿童图书馆的业务辅导工作意义与作用主要有以下三点:

1. 有力地促进了本地区本专业业务队伍的建设。

儿童图书馆的真正发展是新中国建立以后。发展期间,人力匮乏,其专业队伍成员大多来自成人图书馆或其他文化艺术单位。据我们调查,某市儿童图书馆的业务人员中,95%以上的人员未参加过儿童图书馆专业学习,工作开展不得不依靠几位从成人图书馆调来的同志,因此该馆的一切工作都承袭着成人图书馆的旧制,难于满足儿童读者的需要,也不符合儿童图书馆的运动规律。常言道:"隔行如隔山"因此,原系成人图书馆和文艺单位的人员就面临着儿童图书馆专业学习的艰苦任务,急待本地区中心儿童图书馆的业务培训。现在,各地中心儿童图书馆都在积极地为基层儿童图书馆培训本专业工作者,如沈阳、天津、湖南、无锡、石家庄等省市就连续多年坚持举办儿童图书馆专业干部培训班,天津市少年儿童图书馆及其区县儿童图书馆不但举办短期培训班,而且为了适应学员的不同文化层次,他们还与南开大学图书馆学系联合举办高等专业班,在近两年的时间里,该市儿童图书馆的辅导部门便为各类儿童图书馆(包括中小学图书馆)培训了五百多名业务骨干,他们专业知识丰富,工作努力,普遍受到领导与读者的好评。

2. 积极地推动了本地区儿童图书馆事业网的建设。

一个地区的儿童图书馆网的建设任务,主要是由这个地区的中心儿童图书馆的业务辅导部门来承担的。建立、健全儿童图书馆网,已成为当前各地中心儿童图书馆业务辅导部门的主要任务和衡量其工作水平的重要标准。实践证明,大凡建立了儿童图书馆网的地区,儿童图书馆事业发展得就迅速、健康,他们工作步调一致,工作标准科学、统一。在采集文献方面,它们充分发挥馆网的协调作用,使不同类型的儿童图书馆既节省了经费,又在藏书上各具特色;在经验交流和业务培训方面,优秀的工作经验在这里得到广泛的宣传和借鉴,业务工作者在这里得到有计划、有层次的专业教育;在文献的分类与编目方面,馆网的所有成员馆标准统一,工作科学,各类文献资料的联合目录方便了读者,使馆藏资料的利用率迅速提高;在儿童图书馆学研究方面,研究课题广泛、实际,既能将研究成果及时地应用到实践工作中去,又能随时把日常工作中的问题纳入到研究计划里来,学术研究与实践工作有机地结合在一起。总之,馆网的工作是纷繁而有益的工作,儿童图书馆的业务辅导部门必须责无旁贷地担当下来,并严肃认真地做好这项工作。

3. 全面系统地积累了本地区儿童图书馆事业发展的宝贵资料。

历史的资料是历史发展的痕迹。地区中心儿童图书馆业务辅导部门,通过搜集、整理、保存、分析本地区儿童图书馆事业的历史资料,为主管部门制定其进一步发展的正确决策和相应的法规提供依据,为本地区以至为全国的儿童图书馆学研究提供参考,此乃业务辅导工作意义最突出的表现。但据我们了解,我国各地区的中心儿童图书馆至今还未真正重视起这项工作的深刻意义,虽然有些馆积累了一定的业务资料,但其不过是片断而已,极缺乏完整性与系统性。为此,为了我们共同的事业,立即着手弥补过去已短缺的业务资料,珍惜今天的每一份业务档案,已是当前儿童图书馆业务辅导工作刻不容缓的重大任务了。

三、儿童图书馆业务辅导工作的任务

儿童图书馆业务辅导工作的任务是：

1. 对本地区各类型儿童图书馆进行科学的业务辅导,总结并交流先进儿童图书馆的工作经验,促进儿童图书馆事业的发展。

2. 有组织、有计划、有层次、有针对性地举办各种不同类型的儿童图书馆业务培训活动,通过培训,提高本地区儿童图书馆工作者的素质。

3. 积极协助本地区主管领导部门制定本地区、本系统儿童图书馆事业的发展规划及有关法规、条例,同时建立、健全儿童图书馆事业网。

4. 组织综合性或专题性的学术研讨活动,推荐优秀科研成果。

5. 承担本地区图书馆学会(协会)中儿童图书馆方面的日常组织工作,提倡科学研究,促进儿童图书馆学的发展。

6. 认真做好本地区儿童图书馆事业发展资料和本专业书刊资料的搜集、整理、保存工作,办好工作简报或本专业信息传递、交流工作。

7. 儿童图书馆业务辅导工作网是完成各项业务辅导工作的保证。因此,建立一个以地区中心儿童图书馆为核心,以先进儿童图书馆为骨干,以各类型儿童图书馆为基础的业务辅导网亦应作为我们的一项工作任务,需要我们付出艰苦的劳动去完成好它。

第七章　儿童图书馆内部工作系统

确定了儿童图书馆内部工作的对象之后,我们在本章的任务,就是要探讨一下这个内部工作系统的运动规律。

第一节　儿童图书馆内部工作的概念

一、儿童图书馆内部工作的概念

儿童图书馆的全部工作,我们可以如其他类型的图书馆那样,简略地概括为二个字:"藏"与"用"。"藏",指的是收集、整理、加工、保藏文献资料的工作;"用",指的是提供读者利用文献资料的工作。不言而喻,前者是儿童图书馆基础性的工作,后者是儿童图书馆展开性的工作;前者的运动是在儿童图书馆内部进行的,后者的运动却是在社会上实现的。因此,我们将儿童图书馆的全部工作,划分为两个相关的子系统:即内部工作系统和服务工作系统。

儿童图书馆内部工作的概念,鉴于其工作对象的大小之别,我们赋予其广义与狭义两种含义。狭义的儿童图书馆内部工作,系指它收集、整理、保存社会文献的工作;广义的儿童图书馆内部工作,则指它除了收集、整理、保存社会文献工作之外,还要在儿童图书馆的这个大系统内(即包括各系统、各类型儿童图书馆的大系统)开展业务辅导和研究工作。这里,我们所采用的是广义的儿童图书馆内部工作的概念。

二、儿童图书馆内部工作的意义

儿童图书馆内部工作开展的意义主要表现在以下几点:

1.儿童图书馆内部工作的开展为儿童图书馆奠定了生存的基本条件。

作为一所图书馆,无论其类型、规模和性质,首先必须要有一定数量的馆藏文献资料,否则,它就不能美其名曰“图书馆”了。因此,儿童图书馆也好,成人图书馆也好,建馆后第一步工作便是从各种渠道,千方百计地收集、访求自己所需要的文献资料,使自己获得“生命源泉”。大家都清楚,文献资料进馆之日,即是图书馆“生命”运动之时,它的具体运动,如采访文献、加工整理文献、组织入藏文献等等内部工作,使儿童图书馆这个系统从社会上吸收进大量的文献资料。这就好比一个生命获得赖以维持的养分,于是乎它才得以继续存在下去。所以,儿童图书馆只有首先开展其内部工作,才能具有自己生存的基本条件。

2.儿童图书馆的内部工作,是其他各项工作开展的物质条件。

儿童图书馆的性质和任务严格地规定了儿童图书馆是利用文献资料为广大儿童服务的机构单位。没有儿童图书馆内部工作的开展,儿童图书馆便无法获得社会上的文献资料,更无法将社会上那些纷乱如麻的文献资料整理成为一个个有序的知识集合体,提供给孩子们使用。因此,儿童图书馆的内部工作又有如工厂中的各类机器,只有当它们启动运转时,才能够把原料加工成人类所需要的各种产品。儿童图书馆倘若缺少了此环节的工作,其服务工作自然变成空中楼阁,纸上谈兵了。

3.儿童图书馆的内部工作,是其各项工作的保证。

儿童图书馆的内部工作结果,一方面为其生存、发展提供了物质(即文献资料等)的保证;另一方面还为其生存、发展提供了正确的理论指导和技术方法的保证。革命领袖们曾一再谆谆告诫我们,没有正确的理论做指导的工作是盲目的工作,没有科学的技术方法的工作不会取得良好的工作效益。儿童图书馆的业务研究辅导工作,正是属于这样一种为各类型儿童图书馆提供正确理论与方法的工作。通过业务研究与辅导活动的开展,我们可以发现优秀经验,可以在优秀的经验中总结出科学的理论和方法,并通过业务研究与辅导工作的开展,将这些优秀的科学理论与技术方法得以交流与运用,以便改进儿童图书馆的工作,推动儿童图书馆事业的前进。多年来儿童图书馆的实践证明,凡缺少业务研究与辅导工作的地区,其各类型儿童图书馆便形同一盘散沙,各自为政,各行其是,工作毫无科学、规范可言。反之,业务研究与辅导工作突出的地区,各类型儿童图书馆就步调一致,工作科学、规范,整个系统充分地体现出其巨大的、有效的工作效益。因此,业务研究与辅导这项儿童图书馆的内部工作,绝不能轻视,它是我们事业发展的重要条件之一。

通过以上关于儿童图书馆内部工作意义的分析,说明儿童图书馆的内部工作是儿童图书馆生存的基础、运动的条件和发展的保证。

第二节　儿童图书馆内部工作系统结构

儿童图书馆的内部工作系统,具体说来,主要是由三个子系统构成的,它们是:文献收集整理子系统、文献保藏子系统、业务辅导与研究子系统,其结构如图所示:

儿童图书馆系统
├─ 儿童图书馆内部工作子系统
│　├─ 文献收集整理二级子系统
│　├─ 文献保藏二级子系统
│　└─ 业务辅导与研究二级子系统
└─ 儿童图书馆服务子系统

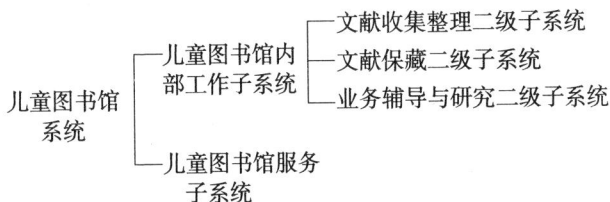

一、文献收集整理子系统

文献收集整理子系统,顾名思义,它是专门负责将散乱于社会上的各类儿童文献,根据本馆的藏书特点和读者的阅读需求,有选择地采集入馆,并进行必要的专业技术处理,使之成为有条理、有秩序的馆藏文献资料。该系统的工作是儿童图书馆一切工作的基础和条件,它承担着搜集人类文化遗产和对散漫的社会文献流整序的任务,体现出收藏与整理儿童文献的社会职能。

文献收集整理子系统主要包括四项工作内容,即文献采访工作、文献登录工作、文献整理工作、文献加工工作等。

1. 文献采访工作,是儿童图书馆内部工作的第一个环节及儿童图书馆一切工作的基础。任何类型的图书馆它的工作都是从搜集文献资料工作开始的。单从字面上看,"采访"一词包含有二层含义,一为"采",二为"访"。采者,搜集也,即搜集各种类型的儿童文献资料;访者,调查访求也,即调查与访求一切与儿童文献搜集工作有关的人和物。其人,指的是儿童读者,也就是对于他们的阅读心理、阅读热点及阅读兴趣,进行经常的、定期的调查;其物,指的是各类儿童文献出版、发行机构及其出版物,包括儿童书店、儿童出版社等,了解它们的出版,发行计划,以便不失时机、心中有数地组织儿童文献的搜集工作。由此可见,"访"与"采"是文献采访工作的两项基本内容,"访"是"采"的前提、基础;"采"是"访"的结果、成绩。

2. 文献登录工作。

文献登录工作,是指对采集入馆内的文献资料进行核查、登记的工作。它包括验收与登录二项工作内容。所谓验收,指儿童图书馆采集工作人员根据儿童文献的订购单据等对到馆文献进行核对、检查,保证入藏文献与所需收藏文献的一致性的工作。经过"验收"合格的文献资料,便成为儿童图书馆正式注册财产的一部分了。所谓登录,即对各种馆藏文献进行"特别登记",它有个别登录与总括登录两种形式。

个别登录,是对每册文献的个体性登录。它将每册文献的篇名、著者、版本、书价、来源以及登录号码等,一一记入图书馆财产登录簿之中,它是每册文献入藏历史的重要依据,通过它,可以清楚地反映出每册书刊的入藏日期、来源、价格、注销时间及原因等情况。

总括登录,是对每批文献情况所进行的整体性的登录。它根据每批入馆儿童文献的验收凭证(如收据、赠送图书的目录清单等)或每批注销文献的批准文据,分别将每批文献的总价值、总册数,各类文献的种数、册数等登入"藏书总括登记簿"中,通过它,可以了解全馆藏书的总册数、总价值、来源、去向,以及各类文献的入藏情况和实际馆藏量等。个别登录与总括登录是儿童图书馆宝贵的财产文档,它们互相补充,互相反映,缺一不可。

3. 文献整理工作。

这是儿童图书馆诸项工作中专业性最强的一项工作,也是儿童图书馆社会文献流整序职能最直接、最突出体现的一项工作。它通过对收入馆内的文献资料进行分类、著录及编目等一系列技术处理,来完成对儿童文献的组织与控制任务。它主要包括三项工作内容:即分类、著录和目录组织等。

(1)分类工作:它是根据入藏儿童文献内容的学科(知识)属性来系统揭示和组织文献的工作。它是将登录过的各类儿童文献资料,根据一定的要求及有关的图书资料分类法,分门别类地组织起来,使每种文献在本馆所采用的分类法体系中占有适当的位置与号码。文献类分工作的作用在于:集中内部相同或相近的儿童文献;为排列图书、编制分类目录和各种书目提供依据。分类工作是我们开展统计、新书宣传、参考咨询、文献检索等工作的重要基础。

分类,就图书馆学而言,应包括编类、辨类和归类三个步骤。编类是根据学科体系或其他体系,结合图书的具体情况,分门别类编制类表(又称"分类表")。辨类是判断图书的内容性质,确定其属于哪一门类。而归类才是具体的分类活动,即将已认定门类的图书,在分类表中为其找出适当的位置,确定其在整个分类体系中的次第及号码。可见,进行文献类分工作的前提与关键,是要选择一部科学、适用的分类法。然而令人遗憾的是,发展近一个世纪之久的我国儿童图书馆事业,至今尚无一部专门类分儿童文献资料的规范,多少年来,众多的儿童图书馆只得权且利用《中国图书馆图书分类法》来勉强应付自己的文献类分工作。但是由于《中图法》的结构安排、类目设置等不能完全、科学地反映出丰富多彩的儿童文献类型,许多儿童图书馆只得根据工作需要,自行编制诸如《连环画分类法》、《教学参考书分类法》等各种类型的儿童文献分类法,其结果不仅造成了我国儿童图书馆分类工作的极度混乱,阻碍了儿童图书馆间的协作协调,而且严重地影响了我国儿童图书馆事业的健康发展。为此,编制一部适宜儿童文献分类工作需要的统一的分类法的工作,已是当前我们所面临的一项刻不容缓、不可推卸的重大任务。值得欣喜的是,一九九〇年初,编制《中国图书馆图书分类法(儿童图书馆、中小学图书馆版)》的工作已纳入《中图法》编委会的工作计划,中央文化部图书馆事业管理司已责成天津市少年儿童图书馆等十一个省市儿童图书馆和学校图书馆进行编撰工作。一九九〇年三月二十四日—二十七日,《中图法(儿童馆版)》分编委会于天津召开筹备会议,来自北京、天津、上海、武汉、沈阳、广西等地的编委们,在会上广泛研讨,充分磋商的基础上,统一了编制思想,确定了编制体例,并分别确定了编制任务。目前,该法已基本编制完成,预计一九九一年春即可正式出版。我们相信,不久的将来若大中国无一部完整、适用、具有权威性的儿童图书馆专用分类法的历史就要结束了,这无疑是我国儿童图书馆事业发展史上具有深刻意义的一件大事,它对于整个儿童图书馆事业的发展将起到无法估量的推动作用。

(2)著录工作。

所谓著录,是将儿童文献的形式特征(如书名、著者、出版地、价格、版本等)按照一定的规则和形式记录下来,以便能够准确无误地确认每种图书,为检索文献提供准确的查找线索。如果说分类是揭录图书内容的主要手段的话,那么,著录则是揭示图书形式的主要手段。著录的结果,亦即记录有儿童文献形式特征的载体,我们称之为款目(俗称卡片),它是组成儿童图书馆目录的最小单位。

(3)目录组织,它是将已经著录好的各种款目,本着一定的方法、原则,组成一个有机整体,使之成为揭示、报导、识别馆藏文献的检索工具。目录是由一条条款目组成的。没有款目便不可能有目录,可有了款目,若不加以组织也不能发挥出目录应有的作用。因此目录组织工作就显得尤为重要了。它的具体工作内容主要有四方面:①款目的排列:即根据一定的分类体系或检索方法等组织原则,将各种款目组织成分类或字顺目录,以达到检索准确、迅速的目的;②目录装饰:即在目录中编制指导片,在目录柜外部标明目录抽屉号和目录柜标签;③目录的检查:即及时剔除过时的及注销的图书款目,以保证书、目(即款目)的统一;④目录的保养:指及时补换污损、残破的款目,以保证目录的完整性。经过目录组织工作处理的款目分别组成公务目录与读者目录两个系列。后者为儿童图书馆读者检索文献资料的途径,前者为儿童图书馆工作者开展业务工作的工具和依据,它们一同在儿童图书馆工作中发挥着重要的作用。

著录工作与目录组织工作合起来,又称"图书编目工作"。

分类与编目是儿童图书馆工作中关系最为密切的二项工作。过去由于编目的形式,只限于"分类目录"一种,因而造成人们思想中"分类即编目"的错觉,那么,分类与编目工作究竟有何区别呢?

首先,分类工作侧重于文献的内容特征,主要解决的问题是判别一本书到底属于哪一学科,是物理?还是文学等?它力求能够准确地表达出一本书的真正内容,方便读者按类索书。而编目工作则偏重于文献的形式特征,它所注重的是一本书叫什么名字?谁写的?哪里出版的等等,以便如实记录和反映一书的外在特征。

其次,分类工作带有极大的人为性,同是一本书,由于分类人员对其理解和认识的角度不同,很可能将其归入不同的类目中去。只要这种归类的依据是有说服力的,能够站得住脚,就不得称其为谬误。编目工作则不然,它要求工作人员必须如实地对文献加以记录,不可以主观意志随意更改。

再次,分类工作是固定的,分类表是预先编好的,虽然个别类目可以调整、增删,但整个体系是固定的。对于涉及二种学科或二种以上学科的文献,由于其在书库中只能占据一个空间位置,因此它的归类也是固定的。但编目工作的机动性和灵活性则很强,它可以从书名、著者、学科内容等多方面反映一书,从而扩大读者的检索途径。

此外,分类工作反映的是一类文献的内容特征,读者若要查找某一本书,必须先知道其属于哪一类然后才能找到此书,因而它对文献个体的反映是间接的,非直观的;而编目工作则正相反,它对个体文献的反映是最直接的,当读者要查找某一本书时,只要知道其书名或作者等线索,便可在相应的目录体系中很容易地查找到。

鉴于分类与编目工作的诸多区别,在实际工作中我们切忌将二者混淆起来。

4. 文献加工工作。

文献加工工作是"文献收集整理子系统"的最后一道工序,它包括贴书标和制书袋卡等工作内容。

书标,是贴在书脊上用作排架、取书归书标记的小签,上面记有索书号码。贴书标的目的,在于能够清晰、直观地反映图书在书架上的排列次序,提高外借人员的工作效率,缩短读者借阅等候时间。书袋卡,是用作外借图书记录的纸制或塑料制的卡片,上面记有著者、书名、类号,并留有许多空栏以备借阅者填写姓名及借还书的时间等。此卡平时放在书内,图书借出时,抽出备查,归还时再插入书内。可以说,它是每本书的"身份证",通过它可以核查图书的外借情况。

总之,文献加工工作是为读者服务系统打基础的工作,它的价值将由服务系统加以体现。

二、文献保藏子系统

文献保藏子系统,因文生义,它是对儿童图书馆馆藏文献资料进行妥善、科学的保存、藏贮的工作系统。它的工作目的在于最大限度地延长文献资料的使用寿命,以便长久地供广大读者利用。因而,该系统既是儿童图书馆保存人类文化遗产职能最突出、最直接的体现,同时又是儿童图书馆"文献收集整理子系统"工作价值的反映和"服务子系统"工作展开的基础条件,可以说,如果没有文献保藏子系统的工作,儿童图书馆这一机构便失去了存在的意义。

文献收藏子系统主要包括书库划分、文献排列和文献保护三项工作内容。

1. 书库划分。

它是指对收藏文献资料的场所进行科学、合理地分割,以便组成不同用途的书库的工作。大家知道,不同类型的儿童图书馆,由于其性质、方针、任务的不同,可以设置不同类型的书库,以满足不同读者的阅读需求,并突出地体现出一馆的藏书特色来。如省市级公共儿童图书馆,因其承担着提供服务和保存文献的双重任务,故而它一般需设基藏书库(又称总书库)、辅助书库(包括中学书库、小学书库、低幼读物书库等),必要时还可设置特藏书库,专门用来收藏珍、善本儿童读物等。区、县级和中、小学校图书馆,由于不承当保存文献的任务,因此,一般只设辅助书库,不设基藏书库。

2. 图书排列工作。

图书排列工作,即指对入库文献资料进行科学、系统地组织的一项工作。其意义在于提高藏书的提取与归架的准确率,节省提供文献资料的时间消耗,更好地提高馆藏文献的利用率。图书排列(又称排架)方法主要有两种:一种是分类著者号排列法,一种是分类种次号排列法。所谓分类著者号排列法,是把图书先按分类号排,同类号的再按著者姓名缩写字母的顺序排列的一种方法;所谓分类种次号排列法,是将著者号改为种次号,先按分类号排,同类号的再按种次号排列的方法。前者直观、简便、易记,后者冗长、易错,故而,目前绝大多数儿童图书馆都采用分类著者号排列法来组织库内文献。

3. 文献保护工作。

文献保护工作,很显然,它的工作目的是为了最大限度地延长文献的利用期限,妥善保藏儿童图书馆丰富而有价值的文献资料,为读者充分利用文献资料提供可能与条件。该工作主要包括制定防火、防盗、防虫、防潮、防霉等安全措施,对破旧文献进行及时修补,装订文献,藏书清点等内容。

三、业务辅导与研究子系统

儿童图书馆的业务辅导与研究工作,指的是在一个地区或一个系统内,大型馆或中心馆对本地区、本系统的中小型图书馆进行业务上的帮助与辅导,组织各馆相互学习,交流工作经验,研究业务问题,更好地发挥所有儿童图书馆的作用。从字面上便可以看出,业务辅导与研究子系统包括两方面工作内容,一是业务辅导工作,二是业务研究工作,它们之间的关系为:一方面业务辅导工作可以为业务研究工两提供研究课题,是业务研究工作的动力源泉;另一方面业务研究工作的成果又可以促进业务辅导工作质量的提高,是其工作水平的可靠保证。二者互相依存,互相促进,缺一不可。

儿童图书馆业务辅导与研究工作,是保证儿童图书馆事业得以健康、蓬勃发展的两项工作。该系统存在的意义在于:

①业务辅导与研究工作是社会主义图书馆事业的特征之一。只有在社会主义的国家里,在国家的统筹安排和集中领导下,全国的各类型儿童图书馆才有可能结为一体,从而为植根于儿童图书馆横向联合上壤之中的业务辅导与研究工作的开展创造条件。

②开展业务辅导与研究工作,可以促进图书馆网络化的建设。众所周知,儿童图书馆大家庭中的各种、各级成员之间,不是彼此孤立的,而是相互联系、相互影响的有机整体,但由于受行政隶属关系的限制,目前我国儿童图书馆呈现出较为严重的条、块割据状况,这不仅造成了人力、物力资金方面的严重浪费,而且阻塞了各类型儿童图书馆间的经验交流和信息传播渠道。因此,打破封闭、僵化的儿童图书馆事业现有模式,建立立体、交叉、资源共享的儿童图书馆网络是形势发展的总趋势,而业务辅导与研究工作正是以联系各级、各类型儿童图书馆,共同磋商业务问题为目的的,因此,它可以有助于网络化的加速实现。

③开展业务辅导与研究工作,可以推动儿童图书馆学的理论研究,丰富和发展儿童图书馆学的内容。业务辅导与研究工作是一项知识性与针对性极强的工作,为了能够高质量地完成对基层单位工作人员的培训、辅导任务,就必须对实际工作中遇到的问题和难点,进行认真、仔细的研究,从中总结出有规律性的东西,因地制宜地及时加以解决。这些问题的解决,无形中就成为儿童图书馆学的发展动力,研究成果也自然成为儿童图书馆学理论的一部分。

④开展业务辅导与研究工作,是培养专门人才,推动儿童图书馆事业发展的一项重要工作。业务辅导工作是一项发展智力、培养能力的专门知识的传递活动,一方面它承担着对未经专业教育人员的业务培训工作,以提高其业务水平和工作能力;另一方面,它还要为中小型馆培养出既有专业知识,又有开创能力的新型干部。因此,从这个意义上说,业务辅导与研究工作在培养专业人才方面的作用是突出而重要的。

总之,业务辅导与研究是一种对外联系和交流的工作,该系统的工作内容是儿童图书馆工作系统中不可缺少的一个重要方面,其工作质量的好坏,将直接关系到儿童图书馆事业整体发展的速度与进程。

第八章 儿童图书馆的服务对象

为了真正地做好儿童图书馆的对外工作,即儿童图书馆的服务工作,我们必须首先搞清楚它的服务对象及其特点。不然,由于服务对象的盲目,便会造成盲目的服务。

简洁地讲,儿童图书馆的服务对象,就是它的读者。

第一节 儿童图书馆的读者

一、"读者"的概念

有能力进行阅读活动的人,我们都可以称之为"读者"。看上去这个概念很简单,但实际研究起来却应认真对待。首先,我们要明确什么是"阅读"和"阅读活动"。

对于"阅读"这个概念,许多同志,包括我们图书馆专业的工作人员在内,往往笼而统之地把它当作"看书"来讲,这正说明我们并未正确地把握"阅读"一词的真正含义,因而在理解上出现了片面性。那么,怎样理解"阅读"一词的真正含义呢? 我们不妨把它分解开来加以领会。"阅",本意指看,是通过眼睛的视觉功能进行的;而"读"的本意是看着文字发出声音,是通过口语的形式来表达的。"看"的形式比较单一,而"读"的种类却很多,常见者有朗读、默读、诵读、吟、唱等。所谓朗读,是指不看着书来背诵,同时需要其面部表情和肢体动作的配合,以增强感染力;所谓默读,指的是言语器官不发出声音,完全依靠比较开展性的内部语言对读物进行分析概括;所谓诵读,指的是由指导老师先做读的示范,然后学习者看着书跟着读,它与朗读的区别在于前者为表演,后者系教学;所谓吟、唱,都是指按不同的乐律,有节奏地诵读诗文,现今除去一些艺术表演中使用这种"读"的方式外,青少年中已多不延用。

从以上的分析中,我们不难发现,"阅"和"读"二者之间存在着一种内在的自然的联系,亦即"阅"是"读"的先导和基础,"读"是"阅"的延伸和辅助。在我们的生活中,"阅"和"读"的这种关系也是时有表现的。例如,每当我们看到一篇美妙的文章或一篇十分精彩的诗词的时候,便会情不自禁地拍案叫绝,并随之朗朗上口,似乎不把它读出来让自己再咀嚼回味一番,并传达给其他人,就不能尽兴。还有的时候,当我们遇到一篇文字较为艰涩的文章,看过数遍仍不能领悟其意之际,便需要读出它来,而往往读过之后,那些艰涩的地方竟也能够明白地掌握了。由此可见,"阅"和"读"论其本身,并不是孤立的,它们彼此既各具意义,同时又互相关联,互为一体。

那么,我们该怎样给"阅读"一词下一个比较准确的定义呢?心理学家认为:"阅读,就其本质而言,是文字信息传递过程中接受端的思维活动。"而我们在此基础上则认为:阅读是指人们对其所需要的文献资料内容进行掌握的一种心智活动。在这条定义上,有以下两点需要我们特别注意:

(一)它明确地说明"阅读"一词决不只限于单纯的"看"和"读",它还有其更深刻的内涵——掌握(即占有)读物的内容。否则,阅读便会成为一种刻板的、机械的和无目的的活动。

(二)它明确地说明了阅读的对象是名目繁多、载体形式各异

155

的文献资料,而不仅限于普通的图书、报刊。大家知道,随着现代科学、技术、文化水平的迅速提高,作为大众信息传播手段的形象化设备与资料,早已突破了原来单一的形式,出现了录像、录音、唱片甚至玩具等多种形式。因此,如果今天我们仍然只简单地把书刊划归为读物,就会导致我们认识上的僵固与工作上的封闭。

所以,阅读活动,对于一个人来说,是一种复杂的心智活动。通过这种复杂的心智活动,读或接受读物的教育与启迪,使读物发挥其作用和效益。

在"读者"的定义中还涉及到一个名词,即"能力"。这里所讲的"能力"不是一般泛指的"能力",而是专指"阅读能力"。作为一个人,怎样才可称得上是具有"阅读能力"呢?我们认为,阅读能力指的是读者能够顺利地完成阅读活动的主观条件,它是由许多因素构成的。对于构成阅读能力的一般因素,其单独的与相互间的作用,我们则称之为阅读能力结构。

较理想的阅读能力构成因素,概括地说有以下几方面:

1. 知识因素。它包括三点:

(1)应掌握五千个文字,一万五千条词汇,同时具有一般的语法、修辞、逻辑知识。

(2)能掌握一般文章的结构和文法,并按其规律、特点去进行阅读。

(3)具有各基础学科知识(其中图书馆学基础知识也很重要)和生活知识。

知识因素,我们把它视为阅读能力的基础。

2. 智力因素。它包括:

(1)阅读时,具备眼球运动的调整能力,极少停顿回视,同时能够通过视觉,将语言符号准确、迅速地传递给大脑。

(2)具有较强的记忆力,对自己所需要的阅读内容能够尽量多地、正确地储存在大脑中,随时可提取使用。

（3）具有较强的思维能力，善于运用分析、综合、概括、联想、抽象等思维方式深刻理解所阅读的内容，并使之为己用，而再造创新。

智力因素，我们把它视为阅读能力的条件。

3.技能因素，指的是阅读技巧。它包括：

（1）使用工具书的能力；

（2）娴熟地使用评点、提要、笔记等阅读技巧；

（3）熟练、正确地利用图书馆；

（4）具有一般检索、积累和运用文献资料的技能。

技能因素，我们把它视为阅读能力的保证。

在诸多的因素里，我们认为，阅读理解与阅读速度是最为重要的两个方面。许多专家将"理解"喻为阅读能力的核心。通常在我们阅读的时候就会发现，阅读理解与阅读速度的关系是既矛盾又统一的。其矛盾之处在于：阅读速度的快慢与理解程度的深浅有时会形成反比关系，即读的快则理解肤浅，读的慢则能理解深透。但是如果我们具备了较全面的阅读能力，那么，速度和理解的矛盾关系也会自然地统一起来，做到不但有理想的阅读速度，而且可以获得较完美的理解深度，达到事半功倍的功效。不过，这里我们需要告诫大家的是，阅读速度并非愈快愈佳，那种无限制的迅疾阅读的速度绝不是我们追求的目标。因为速度必须适应和服从理解的需要，超过了这个要求的极限，则是不可取的。总之，没有深刻、全面的阅读理解，阅读速度将失去其存在的意义，而缺乏迅捷阅读速度的理解，也只能使读者陷入其狭隘单调的天地之中。

上述分析说明，并非一切人都可以称之为"读者"；反之，"读者"也并非是指具有阅读活动的一切人。读者系指那些具备阅读能力，并从事阅读活动的人。由此可见，阅读能力与读者和读物之间有着密切的内在联系（读物，泛指供阅读的东西，包括书籍、报刊、音像资料等等）。不同类型的读者有着不同类型的、与其阅读能力相适应的读物供其阅读。因此,阅读能力标准是一个相对的标准,而非绝对的标准。例如,二、三岁的幼儿,他们虽然也经常翻阅一些成人的读物,但翻来翻去,一无所获,味同嚼蜡,此刻相对于读物和他们的阅读能力来讲,他们就不能被称之为读者。但如果他们翻阅的是一些低幼读物,而且读之津津有味,大有收益的话,那么相对于读物和其阅读能力来说,他们便可以称得上是称职的读者了。

二、儿童图书馆的读者

有些同志认为:儿童图书馆的读者,即利用儿童图书馆进行阅读活动的人。我们认为,这种认识很不全面,它在一定程度上阻碍了儿童图书馆服务工作的发展。其原因在于:

(一)现代儿童图书馆与其他各类型图书馆一样,应将"最大限度地为社会提供服务"作为自己的工作目的。假若仅将一所儿童图书馆究竟能够容纳多少到馆读者,有多少阅览座来作为衡量它的服务质量的标准,那是非常片面与保守的。究其原因,主要是封闭式服务思想在作怪。当然。各类型儿童图书馆为了扩大自己的服务领域,或送书上门,或开办馆外流通点,有些儿童图书馆甚至利用寒暑假在公园、在儿童集中的地点设立临时阅览处,这些服务方式和措施深受广大孩子家长、教师和儿童们的欢迎。他们希望儿童图书馆在此基础上进一步把服务工作搞活,使更多的孩子们受益。难道这些没条件到馆进行阅读活动的儿童,就能够当然地被排除在儿童图书馆读者队伍的行列之外吗?

(二)儿童图书馆的借阅方式较成人馆灵活便利,对于边远地区的孩子们,可以实行集体借阅方法。那些以团队或班级为单位,从图书馆借走几百册乃至千册图书资料的学校、幼儿园等机构,把借到的书刊、资料在本单位广为流通,往往一册书刊不知辗转多少阅读者之手,这些读者不能列入儿童图书馆的读者队伍中来是没有道理的。

（三）儿童的活动因受其年龄及能力的限制，不能像成人那样随意到馆来阅读，他们常常委托家长或哥哥、姐姐到馆帮助借阅，而借回去的图书，经常是若干个孩子传阅后再归还，难道我们能将这些所谓的"潜在"阅读者，也不列入到儿童图书馆的读者队伍中来吗？

因此，我们认为，儿童图书馆的读者应该是：儿童图书馆服务所及地区内的一切具有相当阅读能力的儿童以及需要利用儿童图书馆文献资料的成人，而绝不能以其是否到馆利用文献资料作为标准来绝对地认识它。

第二节　儿童图书馆读者的类型

目前，有相当一部分人认为，儿童图书馆的服务对象很简单，不过是一群垂髫之年的孩子而已。持这种观点的人并不真正了解儿童图书馆的任务与社会职能，更不了解儿童图书馆的馆藏文献内容。实际上，儿童图书馆的服务对象，并不只限于少年儿童，还应包括儿童工作者及其家长等。它的读者队伍十分复杂，其读者的年龄跨度也相当之大。

面对如此庞杂的读者队伍，我们认为首先应当按照年龄标准对其进行类分，其结果主要是分成两个大读者群：一为成人读者群，一为儿童读者群。在这两个读者群的内部也可按照其工作性质和年龄、心理特征、知识水平等标准进一步加以细分。

我们先来谈谈成人读者群的细分问题。

当前，随着我国科学、文化、教育等事业的飞跃发展，对于少年儿童的培养、教育工作也被人们逐步重视起来。几年来，儿童教育、教学单位和为儿童服务的机构数量激增，广大儿童工作者为了提高自己的思想水平与工作质量,迫切需要掌握最新的儿童工作的情报资料和自修学习书刊,而各地区的儿童图书馆因是这方面书刊资料的收藏中心,则势必成为儿童工作者的集结点。那么儿童图书馆的成人读者群究竟包括哪些类型的人呢?根据几年来各省市儿童图书馆对儿童工作者服务的情况调查来看,我们认为,可将这部分读者分为四个细类:

(一)从事教育、教学工作者——包括托儿所、幼儿园、中小学校教职员工;从事共青团、少先队工作的干部,以及孩子的家长们。

(二)儿童工作的研究者——包括各类型儿童工作的研究机构和学术团体等,如儿童心理研究所、儿童教育研究室等等。

(三)儿童文艺工作者——泛指一切为儿童服务的文化艺术工作者,如儿童电影制片厂、儿童艺术剧院、儿童出版社的工作者。

(四)儿童服务机构的工作者——一切为少年儿童服务的企、事业单位的工作、设计人员,如儿童服装厂、儿童食品厂、玩具厂以及学生文具厂的工作者。

在这四类成人读者中,为什么把孩子们的家长也列入到教育、教学工作者之中呢?心理学、教育学认为,孩子们的父母,在孩子早期成长过程中担负着既是家长又是教师的双重责任。他们所施加的各种教育影响是至关重要的。这些影响,往往会在孩子的一生中留下不可磨灭的痕迹。我们儿童图书馆就是要利用自己的丰富的教育、教学资料,来提高家长们的教育质量,促进其对少年儿童的身心培养。因此,我们认为,孩子们的家长实际上是少年儿童校外教育最直接、最有力量的第二教师。他们对孩子的教育内容,是社会和学校教育的基础、辅助和延伸。从这个角度出发,把家长列入教育、教学工作者队伍,将有利于儿童图书馆开展服务工作。

在上述四类成人读者群中,我们提出它包括"一切为儿童服务的企业单位的工作、设计人员"这里所谓的"为儿童服务的企业单位"严格地讲应该分为两种,一种是纯粹为儿童服务的,如儿童玩具厂、儿童服装厂等，一种是兼为儿童服务的，如食品厂、手帕厂等。但无论是前者或是后者，只要它确立了为儿童服务的项目，需求这方面的文献情报资料，我们就应一视同仁，尽力提供服务。

至于儿童读者队伍的细分，我们认为，应按其年龄发展的心理特征和知识水平来加以类分。一般情况下它大致可以划分为：

（一）幼儿期读者（3—6岁）——指幼儿园的孩子们。

（二）童年期读者（6—11、12岁）小学生读者。

（三）少年期读者（11、12—14、15岁）初级中学读者。

（四）青年早期读者（15、16—17、18岁）——高级中学读者。

在这部分小读者队伍中，争论的焦点是"青年早期"这一部分读者。有的同志认为，"儿童图书馆"，顾名思义就是为儿童服务的，从实际年龄来看，系指3岁—15岁的孩子们，凡超出这个年龄范畴的，则应划入成人读者队伍。也有的同志认为，高中生较之初中生、小学生不好管理，他们的流动性大，一旦升入高等院校或走上工作岗位，则容易无案可稽，其图书也难于管理。由于持这两种观点的公共儿童图书馆较多，而成人图书馆又不肯接纳这部分读者，因此造成目前相当一批高中学生"无馆可归"的情况。

我们认为，对于一所儿童图书馆来讲，这样做是错误的。第一，从理论上说，我国儿童心理学依据青年早期（15、16—17、18岁）的心理特征和发展水平，将其划入自己的研究范畴。这是因为，年龄心理特征虽然是以年龄作为划分标准的，但年龄本身并不能决定心理发展的特征。儿童心理发展的水平和特征，是儿童在某一年龄阶段范围内，由社会和教育以及儿童的实践活动所决定的，因此我们不应把儿童的年龄特征与儿童的实际年龄等同起来看待。再者，心理发展的年龄特征，既是连续的，又是有一定次序的，前一人年龄阶段的心理特征，总是孕育着下一人年龄阶段的内容，而下一人年龄阶段的心理特征，又总是前一人年龄阶段心理特征的发展结果。第二，从儿童图书馆的藏书内容上看，大凡中学生参考学习用书,无论文、史、地,还是数、理、化,居多者是全面概括中学各科学习内容的,专门为初中或高中生使用的参考书虽也有之,但它们之间存在着十分密切的联系。在目前提供给初中生使用的参考书刊中,绝大部分也正是高中学生广泛需求的,反之,亦如此。此外,作为儿童图书馆一种类型的中学图书馆,更不能因公共儿童图书馆排斥高中学生而自己也将本校学生一分为二,对高中学生读者关闭图书馆的大门。第三,从图书馆的性质、任务上讲,让读者充分利用馆藏的每一本书刊资料,竭尽全力满足读者需求,是我们义不容辞的责任。然而,我们拒如此众多的有极大阅读欲望的青年早期读者于门外,宁可让大量适宜的书刊资料闲置在架上,而单纯地、机械地遵循着实际年龄的"禁令",这难道不是应当改变的状况吗?鉴于以上几点,我们认为,将高中读者列入儿童图书馆的读者队伍实乃万全之策。

以上,我们分析了儿童图书馆读者队伍中的成人和一般的、正常的儿童读者群。然而,儿童图书馆的读者对象是一个庞大的、复杂的集合体,相对于一般、正常的儿童来说,它尚有另外一个为数可观、非一般、非正常的儿童读者群,即特殊儿童读者群。这部分读者包括:资赋超常儿童读者、低智能儿童读者、残疾儿童读者和性格、行为异常儿童读者等。从当前我国教育系统工作情况看,这部分特殊儿童,已受到国家的充分重视,如设立特殊的儿童学校或在普通学校内设立特殊儿童班,以便针对特殊儿童心理或生理上的差异实行特殊的教育。但是,作为为孩子们提供文献服务的儿童图书馆这个庞大的系统,至今没有将为特殊儿童读者的服务提到议事日程上来。似乎我们还没有注意到他们,或者说,因为种种"条件不便"的理由,而闭塞耳目,不予理睬这些实际上比正常儿童更需要精神给养的特殊儿童读者群。据我国某一省份的调查资料反映,仅该省特殊儿童的出生率,就占全省该年龄段人口的百分之十左右。儿童图书馆如果对这样一支为数相当的特殊儿童读者队伍仍然熟视无睹而且拒之门外的话,那么,它的社会功利目的发挥的结果,将不言而喻。

第三节　成人读者与儿童读者的特点

一、成人读者的特点

儿童图书馆的成人读者基本上不存在文化知识层次和年龄层次的特别差异,但却存在着利用儿童图书馆文献资料的目的的差异。

通常情况下,儿童教育、教学工作者到馆的目的大多是为了备课、组织数学而寻找有关参考资料,或为了进修提高来寻找学习参考用书。他们所需要的文献涉及面很广,并非只局限在参考书上。假若儿童图书馆的服务人员能够同他们提供散见于各类报刊之中的有关参考文章,则更能满足他们的阅读。例如,某市的一个区,将本区内各类型儿童图书馆所藏的教育教学参考资料分科编制成联合目录,送给学校教师使用,就曾受到普遍的称赞与欢迎。

儿童工作者由于其各自所从事的工作内容不尽相同,因此,到馆的目的也各异。但总的来讲,他们都是为了充实自己的工作参考资料,并启发自己设计、创造思维而到馆寻找某一专题儿童文献资料的。对于他们的服务,我们应尽量全面地介绍馆藏有关资料,特别是最新的或社会上不普遍流通的国外资料,以满足这些儿童工作者的强烈需求。

儿童教育或儿童工作的研究者与上述两种成人读者不同,他们的目的性极强,即是为了某个研究课题或项目来到儿童图书馆的。因此,一般时下正在流通的有关文献资料,他们差不多都已掌握,而真正需要的往往是一些历史性的资料和国内外最新发表的有关资料。

最灵活的成人读者是儿童们的家长。有时,他们因为某个子女教育的疑难问题来馆,有时却是漫无目的的,只要对子女教育有益的知识文献资料他们都一览无余,尽全了解。尤其是在当前,随着社会科学文化知识的进步,许多年轻的新婚夫妇非常重视胎前教育和婴幼儿早期教育,于是有些儿童图书馆便把这个专题列为自己的重点服务课题,此举不但深得孩子家长们的欢迎,而且对于培养新一代人才具有着积极的意义。

二、一般儿童读者的特点

一般儿童读者的特点,我们是根据其不同年龄阶段表现出的不同阅读能力来区别认识的。

任何一个人,他的阅读能力的高低,不是天生就具备的,也不是固定不变的,而是根据主观条件和客观条件的不同而有所差异的。一般来说,自幼具备相应的知识结构,又勤于阅读,善于阅读,掌握了阅读规律和技巧的人,他的能力就高;相反,如果接受教育的程度较差,客观上缺乏必要的物质条件,又受周围环境的消极影响,那么他的阅读能力就低。

正是由于这种个人主、客观条件的不同,造成了一些人和一些地区之间在阅读能力上的明显差距。例如,当前我国城市里的读者,总的来说,要比农村或偏远地区读者的阅读能力高,其原因就在于此。但这种状况并不是固定不变的,今后随着我国文化教育事业的发展,农村物质文化生活水平的提高,反映在阅读能力上的不平衡状况,势必会逐步消除。因此,我们对任何事物都不能一概而论,绝对肯定或绝对否定都是错误的。然而无论客观条件造成的差距,还是主观条件造成的差距,科学研究成果表明,在正常情况下,儿童阅读能力的发展过程,依据不同的标准可以划分为如下各个阶段。

A 种划分阶段的方法是根据学校的教学要求,将儿童阅读能力的发展划分为四个阶段:(1)认识性阅读阶段(即对读物只在表面的、直接意义的初级理解阶段);(2)分析性阅读阶段(即对读物从具体分析认识到综合分析认识的阶段);(3)评论性阅读阶段(即对读物已具备全面的鉴别、赏析能力的阶段);(4)创造性阅读阶段(即已能通过读物内容的触发,超越其内容,并创造出读者自己的新成果的阶段)。提出这种划分方法的同志认为,以上四个发展阶段"标志着阅读能力的四个等级标准,或者说是四种要求"。

我们认为,如果从中小学语文课教学的角度出发,这样划分儿童阅读能力的发展是可以的,因为它在某种程度上就是语文阅读教学的标准和要求。但是从我们图书馆学的研究角度出发,它却存在着一定的片面性,容易产生忽略读者阅读心理发展过程这一重要部分的偏差。

B 种划分阶段的方法是日本儿童图书馆学者,根据儿童的年龄、知识结构的特点提出的。他们认为,儿童阅读能力的发展过程应划分为这样四个阶段:(1)阅读入门期(5—7 岁的儿童);(2)初步阅读期(小学一、二年级的学生);(3)多读期(小学三—五、六年级的学生);(4)阅读成熟期。我们认为,日本的这种划分方法虽然较之于 A 种划分方法更接近图书馆工作的要求,但是,随着现代化教育的迅速发展和丰富多彩的"特种图书"的大量出现与使用,这种关于阅读能力发展阶段划分方法的认识基础,即:"阅读能力的发展阶段是从儿童识字开始到阅读成熟为止的这一段时间",显然与阅读能力的核心是"理解"这个公认的、正确的结论之间存在着一定的差距。大家知道,作为语言的物质外壳——文字来说,它只能是阅读感知的一个重要方面,绝不等于阅读感知的全部。例如,二、三岁的低幼小读者,他们绝大多数还不能识读文字,可他们却普遍有着阅读活动。实际上,那些有着内容、情节联系和以图画形式加以表现的读物便是他们阅读感知的对象。这种阅读的感知,同样可以使它们理解读物的内容,达到培养其阅读能力,增长知识的良好目的。因此,我们在实践、认识和总结各家研究成果的基础上,认为如下划分阅读能力的发展阶段比较妥当。

(一)初级阅读期

初级阅读期是指低幼儿童从不具备到初步具备识读文字能力的阅读阶段。我们将这一过程分为三个时期,即:

(1)稚嫩阅读期(2—4岁)

处于这一阅读阶段的儿童,由于他们大多不掌握或极少具备文字的识读能力,所以对于他们来说,最佳的读物就是色彩鲜艳、构图精美而又能直接启发他们幻想的画册录像等。此时,他们的思维虽还只是具体形象思维,但却已经能够理解所读图像的含义和内容了,并有兴趣加以天真的描述。另外,处在这个阅读阶段的儿童,其读书方式往往是在他们自己认识图像的内容之后,再经父母或爷爷、奶奶对图像做一番解释,以求得与自己认识的印证。

我们应该特别注意保护处在这一阅读阶段的儿童读书热情,若是百般挫伤,就会严重影响孩子们今后的阅读兴趣与能力的正常发展。

(2)学前阅读期(5—6岁)

处于这一阶段的儿童,经过幼儿园教师和父母的培养,已初步掌握了一些结构简单的字、词,并开始喜爱以图为主、稍加简单说明的画册,甚至大开本的连环图画了。这时,他们往往要求父母先为他们讲述读物的内容,尔后自己不厌其烦的反复重读,直至成诵。处于这一阶段的孩子们,最明显的阅读心理变化是:开始偷偷摹仿成人的读书姿态,并且产生"要像爸爸、妈妈一样看'大书'(即文字书)"的良好欲望。

(3)转换阅读期(6—10岁)

基于"学前阅读期"儿童的阅读心理变化,他们一旦踏入学校的大门,并得到梦寐以求的"大书"——课本时,便会感到自己突然变成"大人"了。继之,随着科学知识的不断丰富、扩展,文化程度的不断提高,他们开始由初期尚留恋、难舍画册改变为逐步抛开画册,进而对以文字为主,附以图画衬之,或图文并茂的儿童读物产生浓厚的兴趣(但这种兴趣尚不定型)。事实上,这时期的儿童已于自觉或不自觉之中,完成了"念读"向"默读",由口语性阅读向思想性阅读的关键过渡。也就是说,他们的阅读已从具体形象思维迈进到初步抽象思维的境地中。

至此,儿童的初级阅读期宣告终结,但在其终结的过程中,又孕育了"中级阅读期"的发生条件。

(二)中级阅读期

中级阅读期是指儿童丰富和深入阅读的阶段。我们将这一过程又分为两个时期:

(1)丰富阅读期(10—12岁)

通过对小学五、六年级学生阅读活动的观察研究,我们发现,处于这个年龄阶段的孩子们,其阅读热情既被兴趣所支配,又不受兴趣的绝对约束,他们读书之多,涉猎面之广,很令成人吃惊。然而,许多儿童图书馆和学校图书馆的工作者却视此阶段为"阅读危险期",其原因就在于这个时期的孩子们,虽然阅读量大为激增,但选择、鉴别读物的能力却未达到相应水平,他们很容易接受不良读物的影响,致使身心健康受到摧残。因此,孩子们的老师、家长及图书馆工作者确实需要对处于这一成长时期的儿童们予以严密地注视,并给予积极地、正确地阅读辅导,以保证他们健康成长。

(2)深入阅读期(12—15岁)

阅读量逐渐呈下降趋势,阅读面逐渐由广泛向两、三个方面收缩(即阅读目的开始明确);能够较熟练地运用多种阅读技巧来把握读物的内容并能够有所分析、评价,甚至有时会因阅读内容的感染,而激发出个人创造的欲望。这就是儿童在"深入阅读期"的几个主要特征。但是从实践中我们体会到,对于这个阅读期的儿童,我们仍然不能放松对其阅读指导的工作。因为他们毕竟还没有达到思想认识上的成熟阶段,再加上社会上一些不健康因素的影响,他们往往会出现不良的阅读倾向,如武侠热、爱情热等,如果不加以正确的引导,他们很有可能走到邪路上去。

(三)高级阅读期(15岁以后)

这是阅读理解与阅读技巧臻于完善的时期。儿童读者一旦进入了这个时期,他们便会自觉不自觉地丢开儿童读物,开始其有明确的阅读目的、有准确的阅读选择、有相当的阅读收益的完美的阅读生活。日本的专家阪本一郎先生称此时期为读者对读物产生同感的"阅读同感期"。他认为,继之取代者——读者就会进入理智地抓住自我的"个性阅读期",彻底获得理想的能力结果。

以上,我们对阅读能力的发展阶段进行了一番划分,这显然是十分必要的。但是,同时我们又要告诫大家,一个人阅读能力的实际发展,并非像这些文字或图表那样把各个时期切割得如此分明清晰。它们首先是连贯的发展着的;其次,在每一个阶段的运动过程中都已孕育着下一个阶段的诞生,而在下一个阶段的运动过程中,又肯定会保留甚至可以说发扬着前一个阶段的有益的因素,它们之间是不可分割的有机体。

第四节　特殊儿童读者的特点

儿童图书馆的特殊儿童读者,因其心理与生理方面的差异,使得他们各自的特点也不尽相同。本章设专节来分析特殊儿童读者,是为了帮助大家对儿童图书馆的这一特殊读者群有一个基本的、概括的了解。

特殊儿童读者包括：资赋超常的儿童读者、低智能的儿童读者、残疾儿童读者和性格或行为异常的儿童读者等。

　　（一）资赋超常的儿童读者。一般人认为，资赋超常的儿童就是智力超常的儿童，这种看法很不全面。资赋超常的儿童，他们不仅在智力上条件优异，而且在任何一个方面的能力都要超过一般儿童。美国联邦教育署在向美国国会提出的报告中认为，资赋超常的人应包括：A 普通能力；B 特殊学术倾向；C 创造性或生产性思考能力；D 领导能力；E 视觉或表演艺术的能力；F 心理动作能力。

　　资赋超常的儿童读者身体都比较健康，求知欲表现强烈，对阅读极早发生兴趣。据国外统计，约占二分之一的资赋超常儿童读者，在其学龄前便已具备了比普通儿童多而成熟的阅读活动。这些孩子的阅读兴趣十分广泛，但对阅读内容的选择依旧是困难的，甚至经常是错误百出的。尤为令人吃惊的是超常儿童读者往往嗜读成人书刊文献资料和一些专深的专著，当我们看着他们阅读时的那副持久耐心、聚精会神的样子，我们便会深刻地感到，超常儿童违悖儿童阅读心理的正常规律，如果教条地依据一般儿童阅读心理规律来衡量他们，并为他们服务，那么儿童图书馆就会犯极大的错误。

　　（二）低智能儿童读者。低智能儿童俗称"低能儿"，系指普遍智力功能发展低于一般正常儿童的特殊儿童。美国智能不足协会曾在一九七三年将低智能（即智能不足）定义为"智能不足系指普通智力功能的重大低劣状态，此一状态系在发展期间显现，同时存在着适应行为的缺损。"这一定义所讲的智力功能低劣儿童，亦即低于同年龄组儿童两个标准差以下，智商约七十以下的儿童；定义中所讲的"发展期间"，其上限为十六岁（赫伯氏说）或十八岁（葛乐士曼等说）；定义中所讲的"适应行为缺损"，系指儿童在其低幼期间表现出：感觉动作技巧、沟通技巧、自理技巧、社会化等方面的

169

适应行为缺损,在儿童期与青少年期间则表现出:在日常生活中应用基本学科技巧,在学习与生活中应用适当的推理与判断能力,参加集体活动和处理人际间关系等方面的适应行为缺损。

低智能儿童读者在阅读时注意力难于集中,存在着注意力缺陷的问题。这个问题,造成低智能儿童与正常儿童之间辨认学习方面的极明显的差异。就短暂阅读记忆和长期记忆两者而言,低智能儿童短暂记忆的缺陷表现突出,他们在短时间里记忆的阅读材料内容比正常儿童要少得多。但其长期记忆却与正常儿童基本一样。此外,低智能儿童读者缺乏随机应变的能力,也就是我们常说的"死脑筋",所以他们一边习惯地套用呆板的行为模式,一边渴求着外界的助力。这些令人同情的低智能儿童读者是儿童图书馆中最没有成功信心的读者,在阅读时,儿童图书馆阅读辅导老师应在极大的耐心前提下,及时地对其阅读给予明确的提示和热情的鼓励。同时,我们还应该特别注意为他们提供一些题材新颖、有趣,图画、文字活泼、生动的文献资料让他们来阅读,使其从中受到良好的启发和教育。

(三)残疾儿童读者。这类儿童读者包括语言沟通障碍者、身体障碍者等。例如,聋、哑儿童,盲童,肢体伤残、语言严重障碍的儿童读者均属此类。残疾儿童读者因为其严重的残疾,导致了他们低沉调子的整个心理活动。他们最惧怕别人称他们为"残废"人,更以正常儿童对他们残疾的取笑为苦恼。曾有一位盲童叙述自己的苦恼说:"我每天生活在一条愁苦的河中,没有希望,没有力量,也永远看不到光明。我是家庭的累赘,没有人喜欢我、爱我,我在世界上是很孤独的。"因此,由残疾造成的这一孤僻、胆小、自尊心与自卑感互相矛盾交织的儿童读者,应该在儿童图书馆内享受到一切儿童应有的良好待遇。当然,为了对他们开展服务,儿童图书馆需设立专门的经费,购置特殊的、适宜他们利用的设备和特种文献资料(如盲文书刊、音像资料等),此外,还需要配备能够理解残疾儿童读者心理,通晓他们特殊语言(如哑文、盲文等)的辅导教师,才能有效地提供这种非常的特殊的服务。

(四)性格或行为异常的儿童读者。此类儿童读者即指不适应社会的儿童读者或有行为困扰的儿童读者,在我国亦称行为问题儿童读者。这类儿童读者都因为存在"问题行为"故而导致他们社会适应性差,在正常的阅读活动中难以展开有效的阅读。

不能理解性格或行为异常儿童读者的人,把这类孩子统统贬为"害群之马"。确实,我们应该客观地承认,性格或行为异常的儿童读者,或是情绪浮动、急躁好动;或是忧郁寡欢、疑虑重重;或是狂暴无礼、好事寻衅;或是哗众取宠、热情纠缠。美国的"提早教育方案"将他们类分为退缩、焦虑、攻击、好动等类型。我们认为,除去这几种类型之外,还应有一种敌对型行为异常的儿童读者。该类儿童读者对其周围的所有人均持有敌意,因而,他们对读者伙伴、辅导老师的善意帮助一律拒绝,甚至持反感态度。

儿童图书馆工作者在日常工作中,对性格或行为异常的儿童读者并不鲜见。百倍的谨慎与小心地对他们提供服务固然重要,但更重要者则是在与其接触过程中,逐步像马卡连柯那样用人类的正常、健康的情感和道德感化他们,唤起他们埋在内心底处的良知,促使他们厌憎过去的自己,尽快回到身心健康的儿童读者队伍中来。

通过本章第三、第四节对儿童图书馆读者特点的分析,我们应该明确,儿童图书馆的读者是极其复杂、多层次的群体。正确地认识这个群体,是儿童图书馆进行服务工作的首要任务,同时也是儿童图书馆学研究的重大课题。为此,儿童图书馆学的分支学科——"儿童图书馆读者学"会迅速问世的。

第九章　儿童图书馆的服务系统

儿童图书馆的服务系统是建立在儿童图书馆内部工作系统的基础之上的。它吸收了内部工作系统的运动成果,并经过其自身的运动,最终实现儿童图书馆整个系统的生存目的。所以,我们称儿童图书馆内部工作系统是整个系统的运动基础,而称儿童图书馆的读者工作系统即服务系统是整个系统的运动目的。

第一节　儿童图书馆的服务系统结构

一、儿童图书馆服务系统的概念

"服务"一词,原为政治经济学的专门术语。它指的是,不以实物形式而以提供活劳动的形式满足他人某种特殊需要的活动。当它被社会所普遍应用时,则泛指各种为集体或他人的工作。儿童图书馆的服务,即儿童图书馆为满足社会对儿童文献的需要而进行的专门的工作。

儿童图书馆的服务工作内容十分丰富,主要包括馆藏文献的借阅流通、解答咨询、阅读指导、优秀文献资料宣传推荐和组织读书活动等等。这些性质相同的同类事物,按照儿童图书馆服务工作的客观规律组成了一个整体,这便是儿童图书馆的服务系统。

172

二、儿童图书馆服务系统的结构

儿童图书馆服务系统下分三个子系统：一是文献流通服务子系统；二是阅读指导子系统；三是读者生活服务子系统。它们的结构如图所示：

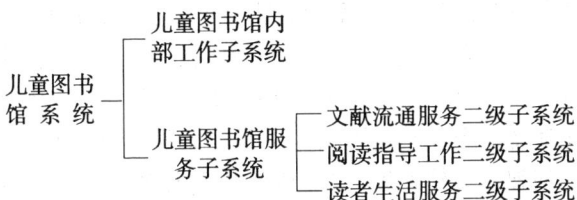

```
                   ┌─ 儿童图书馆内
                   │  部工作子系统
儿童图书           │
馆 系 统 ──────────┤                    ┌─ 文献流通服务二级子系统
                   │  儿童图书馆服       ├─ 阅读指导工作二级子系统
                   └─ 务子系统          └─ 读者生活服务二级子系统
```

（一）文献流通服务子系统

"文献流通"中的"流通"一词，原本是经济学中的术语，也叫做"流转"。是指在商品经济条件下社会再生产过程的一个环节。而"文献流通"则是图书馆学对经济学的这一术语的巧妙借鉴与发展，意即以文献为媒介，把图书馆与读者联结起来的文献交流活动。既然文献流通服务是一个系统，那么它就要有组成这个系统的要素。组成文献流通服务系统的要素主要是：文献阅览服务、文献外借服务、文献复制服务等。这些环节、要素，都是儿童图书馆直接面向社会的窗口。无论是儿童读者，还是成人读者，通过这些"窗口"，便可以洞察、感受到儿童图书馆存在的效益。一句话，儿童图书馆文献流通服务系统运动的质量，直接影响着儿童图书馆整个系统的运转情况。

儿童图书馆文献流通工作在儿童图书馆整体工作中的地位与作用很明显：

1. 它直接体现了儿童图书馆的方针、性质、任务和社会职能。

一所儿童图书馆，在其组织广大儿童读者利用图书馆资源的时候，必须依照其基本方针和性质来完成各项具体的文献流通任务。而任务完成的好坏，又必须反映出职能的表现程度。所以说，设备再先进、馆藏文献再丰富的儿童图书馆,如果在流通服务方面没有进行深入细致的工作,即流通服务系统运动得不理想,也会扭曲整个儿童图书馆系统的性质、方针、任务与职能。

2.它直接反映了儿童图书馆系统的社会效益,是其自身工作检验的标准。

儿童图书馆的存在,究竟能对社会产生多大的影响,归根结底在于"一切为了读者"这个口号真正体现的程度。儿童图书馆是否吸引着千千万万的孩子?是否吸引着千千万万的教育教学工作者?其文献流通服务质量固然为一重要条件,但作为文献流通服务工作之基础的文献采集、加工整理及藏书组织等系统的工作水平也是不容忽视的因素,质优者则为流通服务系统的推动力量;质劣者则成为流通服务工作的严重阻碍。因此,儿童图书馆文献流通服务的开展,不仅能够检验自己的优劣,而且能够检验图书馆整体工作的质量。

3.它直接体现了儿童图书馆的工作重心,是图书馆与读者联系的纽带。

儿童图书馆与其他类型图书馆的工作目的一样,保藏文献就是为了利用文献,即"藏"是为了"用"。显然,"用"是全馆工作的中心,也是全馆工作的重心。"用"的体现,无疑须通过文献流通服务系统来实现,而文献流通服务工作在实现其"用"的任务时,直接对象又是儿童图书馆的各类读者,读者通过这个工作系统反映自己的需求和意见,图书馆再按照读者的需求和意见调整自己的工作,把最优秀的文献资料通过该系统提供给读者,这样一个反复、持久、连续的运动过程,正说明了儿童图书馆文献流通系统是儿童图书馆工作的中心和重心,是图书馆与读者发生联系不可缺少的纽带。

(二)阅读指导工作子系统

"阅读指导"亦称"阅读辅导",但在儿童图书馆中,我们多采用"阅读指导"一词。其原因在于：儿童图书馆的阅读辅导对象主要是少年儿童的缘故。大家知道，儿童图书馆在开展此项工作中，多含有引导性的作用；而成人图书馆由于它的服务对象以成人为主，图书馆在这项工作中只起辅助性的作用，故而它多选用"阅读辅导"的称谓。

什么是阅读指导？关于阅读指导的概念，在今天主要有两种，一种是从学校的语文教学角度出发，即教师对学生正确阅读课文（或指定读物）的引导；另一种是从儿童图书馆的读者服务工作角度出发，即引导、培养儿童读者能够独立地选择读物，正确地阅读、利用文献资料，以及掌握利用图书馆技能的一项重要的服务性工作。相形之下，这两种定义，前者所包涵的内容范围较窄，是一种狭义的定义，而后者则是广义的定义，它对阅读指导的概括，包容了前者的内容，前者只是其内容的一个方面。

儿童图书馆阅读指导工作的概念告诉我们，阅读指导工作子系统是由指导儿童读者正确利用文献、正确利用图书馆两个要素组成的。

未来的社会发展，将使儿童图书馆更加突出地表现其教育职能，因为它是我们实现"终身教育"最适宜的奠基机构。一些先进的国家，为了使下一代跟上时代发展的步伐，从小学起便开始了对儿童进行图书馆知识的普及教育，要求孩子们在走入社会之前，就能独立、娴熟地利用图书馆，具备随时充实自己科学文化知识的能力。可见，缺乏利用图书馆知识的阅读指导，是不完整的指导，这种不完整的阅读指导，绝难培养出具有独立阅读能力的读者来。

多年来，由于我们在划分阅读指导类型上，单纯采用以其形式方法为依据的划分标准，无形之中束缚了我们的思想，造成了我们对阅读指导工作过于简单、片面的认识。然而，近十年来，随着大量国外有关方面的信息交流，使我们对阅读指导类型的划分产生了较深刻、全面的认识上的变化。

1.从阅读指导的形式、方法上来划分。

从阅读指导的形式方法上来划分,阅读指导包括个别指导与集体指导两个类型。

个别指导,又称单独指导。指图书馆通过与读者个别接触的方式,使之受到完整的、宜于接受的图书馆教育。在公共儿童图书馆与学校图书馆中,个别指导的形式大致包括:与读者的单独谈话、对话;帮助读者(特别是低幼读者)选择图书;单独进行利用图书馆和阅读技能教育;建立直接书信联系;家访、校访等等。

集体指导,也称群体指导。指图书馆根据工作计划或读者反映出的、具有共性的问题,利用普遍接触的方式,对读者进行广泛的教育。关于集体指导,目前公共儿童图书馆和学校图书馆一般多采用阅读指导课、座谈会、报告会、培训班以及播放录音、录像等形式。

个别指导与集体指导是"个性"(即特殊性)与共性(即普遍性)的关系。因此,一方面个别指导必然与集体指导相依相辅地存在;另一方面,集体指导与个别指导又具自身独立的特点,不能互相取代。可以这样说,个别指导是集体指导的深化与补充;集体指导又是个别指导的扩展与普及。

2.从阅读指导的运动过程上来划分。

从阅读指导的运动过程上来划分,阅读指导包括读前指导、读间指导、读后指导三个类型。

读前指导,亦称预备性指导。它指的是图书馆在读者正式进入阅读活动前的准备性指导。如怎样优选读物的指导即属此类。

读间指导,又称过程性指导。它指的是图书馆在读者阅读过程中所进行的各方面指导。如作读书笔记的指导,摘录读物的方法指导等。

读后指导,也称总结性指导。它指的是图书馆对读者在阅读后总结或利用其收益的指导。

以上三个过程的阅读指导的关系是很明显的,它们之间前者总是后者绝不可缺少的基础,三种指导步步相联,结成一个完整、科学的阅读指导系列。

3.从阅读指导的性质上划分。

从阅读指导的性质上划分,阅读指导包括思想性指导、知识性指导和技术性指导。

思想性指导,指图书馆通过文献资料对读者进行政治思想和品德教育。

知识性指导,指图书馆通过丰富的文献资料对读者进行的科学文化知识教育的指导。

技术性指导,指图书馆对读者正确阅读、正确利用文献资料、利用图书馆的技能的培养与教育。

这三种性质的指导,多是同步进行的。

4.从阅读指导的作用上来划分。

从阅读指导的作用上划分,阅读指导包括引导性指导、展开性指导、治疗性指导。

引导性指导,外国专家亦称为"导入性指导"。它指的是图书馆对厌读者(多系少年儿童)的引导。它包括启发这些厌恶读书的少年儿童的阅读兴趣,提高其阅读能力和改善其阅读环境,使之像所有儿童一样具备浓厚的阅读兴趣和相当的阅读能力。

展开性指导,指的是图书馆对读者阅读能力、阅读兴趣不断发展、提高的帮助和引导,它包括帮助读者逐步拓宽阅读兴趣,迅速提高阅读能力并使能力与兴趣有机结合、相互促进,同时还配合以各种类型的读书活动,来刺激、促进这种发展和提高的速度。

治疗性指导,指的是图书馆对阅读低能或阅读不正常读者的教育与指导。它包括对智力水平较低、阅读迟钝者的能力培养与启发;对思想品德较差读者的不健康的阅读进行批评、教育;对任意的、兴趣不正常的滥读(盲目乱读)、偏读(阅读兴趣单一或偏怪)者的及时纠正、引导等等。

（三）读者生活服务子系统

儿童的阅读活动,乃身心并用的一种高消耗性的活动。因此,为了保证儿童读者的健康阅读生活,儿童图书馆馆务系统内必须设有专门的生活服务项目,即在儿童图书馆内开设儿童读者娱乐区和饮食区。

娱乐区应是儿童图书馆新布局中不可缺少的一部分,它是供小读者在阅览之余开展各种科技与智力开发活动的场所。这里的娱乐设施不应是单纯的娱乐性玩具和游戏性活动,而应该具有启发儿童思维、启迪儿童智力的特点,如电子计算机、电子游戏机、航舰模型、模拟太空旅游等。由于该区范围属动态活动,噪音较大,因此它应与借阅辅导区间隔开来。

饮食区,又称"阅读加餐中心",以提供儿童食品和快餐为主,其目的是供小读者在从事阅读活动饥饿之时,能够及时补充能量,以保证阅读效果。

上述的二个区是儿童图书馆以往不曾设置或虽有设置,但尚未引起足够重视的区域,我们之所以强调提出设置该区,其依据有二。

首先,从儿童心理学角度上看,儿童较之成年人具有活泼、好动、注意力集中时间短等特点。医学研究表明,儿童的注意力集中时间大约在 10—15 分钟左右,因此,他们会经常更换注意目标,不能长时间从事某项活动。当孩子们阅读感到疲劳,出现暂时性阅读兴趣丧失的时候,图书馆有责任为孩子们提供娱乐性场所,来缓解紧张的神经,冲淡阅读的疲惫,为其重新集中精力学习创造条件,否则孩子们就会因暂时性阅读障碍而对图书馆产生厌恶的情感。因此,儿童图书馆内有必要设置娱乐区。

其次,从儿童生理学角度上看,当儿童长时间集中精力阅读时,视觉神经所受刺激不断传入大脑,作用于中枢神经系统,引起内脏调节中枢的兴奋,加速了肠胃的蠕动,容易产生饥饿感,使之心绪不安,注意力难于集中,影响阅读效果,因而需要及时进食,满足孩子们身体对能量摄取的需要。所以,在儿童图书馆设立"饮食加餐中心"是符合儿童生理需求的。

第二节　文献流通服务工作

如上节所讲,儿童图书馆文献流通服务系统的工作,包括文献阅览、文献外借、文献复制等内容。

一、文献阅览服务

"阅览"一词中的"阅"与"览"都作"看"讲。"阅"的对象大都局限在文献范围内,而"览"的对象要比"阅"的对象广泛一些,如"览物之情,得无异乎?"中的"览"的对象,即指景物。但当"阅"与"览"组成一个动词"阅览"时,它只能做看文献资料讲。

儿童图书馆的文献阅览服务,是利用馆内阅览室(或相宜的环境)及其设备,为读者开展文献阅读活动提供方便的一种服务方式。

儿童图书馆的阅览室种类很多。依照知识门类来划分,主要有:社会科学文献阅览室、自然科学文献阅览室和综合性文献阅览室等。有些儿童图书馆根据儿童读者的心理特点,将阅览室细分为"文学世界阅览室"、"科学之窗阅览室"、"艺术天地阅览室"等等。还有的儿童图书馆,为了进一步激发孩子们的阅览兴趣,索性取消"阅览室"三个字,仅冠之以"文学世界"、"艺术天地"、"科学之宫"等字样,其结果证明,这种细微之处的改变,正是孩子们心理所需要的,它符合了儿童图书馆服务工作的要求。

依照儿童图书馆的读者对象来划分,阅览室可以分为:低幼儿童阅览室、小学生阅览室、中学生阅览室和教育教学工作者阅览室等。

依照文献类型来划分，儿童图书馆阅览室可分为：图书阅览室、报刊阅览室、视听资料阅览室和玩具阅览室等。

尽管阅览室的名目、种类繁多，但无论其哪一种阅览室，它的任务都是提供读者阅读、学习或科研所使用的。儿童图书馆阅览服务工作不仅要注意其阅览室的环境布置应符合儿童心理，更重要的还需特别注意阅览室的设备应符合儿童的生理条件，如不同年龄对象的儿童阅览室中的人工采光和自然采光是否符合标准，阅览桌椅、书刊陈列架、书橱的大小、高低、尺寸的设计，是否适应不同年龄儿童的身材高度，其外形是否新颖、美观、活泼、舒适等等。

这里，或许有人会问：难道儿童图书馆服务工作只能在室内进行吗？不然！儿童图书馆的阅览服务活动绝无局限在室内的道理。大自然——孩子们最喜爱的世界，儿童图书馆可以随时随地利用它，开展文献阅览服务工作。例如天津市和平区儿童图书馆的"踏青书会"，就是在公园中利用春天和煦的阳光与一派生机勃勃的自然环境，铺开地摊，接待孩子们阅览的；北京图书馆的儿童阅览工作，最初也是在一棵硕大的古树荫下，用若干个小木凳来接待前来阅读的孩子们的。由此我们认为，儿童图书馆的阅览服务工作，因其服务对象的年龄心理的特点，故而有着极大的灵活性与机动性，这一点，是成人图书馆所望尘莫及的。

二、文献外借服务

文献外借，即图书馆允许读者经过办理一定的手续，将其所需文献借出馆外阅读的一种服务方式。在文献外借服务工作中，儿童图书馆与成人图书馆是有区别的，其区别点就在于，儿童图书馆的文献外借服务既对读者个人，也对集体。有的时候，集体读者对文献的利用与流通总量,甚至会大大超过个人读者的总量。这主要是由儿童图书馆服务对象的特点所决定的。儿童图书馆的文献外借服务,是通过各类型外借处的工作来实现的。

儿童图书馆的文献外借处一般分为:低幼儿童外借处、小学生外借处、中学生外借处、教育教学工作者外借处、连环画外借处、视听资料外借处和集体单位外借处等。从儿童图书馆文献外借处的设置情况看,它的外借服务工作是"全方位"的,即:凡其读者对象,均为它的外借服务对象。最近,辽宁、天津、上海等省市的中小学图书馆纷纷在校内各班设立起了"图书角",天津市的中小学校对这一新事物反映尤为迅速,几乎每所学校的各教室内都设有"图书角"的装置,这种"图书角"乃中小学图书馆的馆外流通点,它具有图书外借与阅览的双重任务,其藏书一部分由学校图书馆调拨,一部分由同学们捐赠。此方法的施行,既弥补了学校图书馆藏书之不足,又在一定程度上扩大了学校图书馆的服务面,因此大有发展前途。

儿童图书馆的文献外借服务工作也像阅览服务工作一样,不只限于馆内。"馆内外借服务为基础,馆外流通服务为延伸"的服务思想,已普遍得到广大儿童图书馆的承认。在基层设立图书流通站(分馆)、派出图书外借流动车、送书上门到户等众多的馆外文献借阅服务方式,在我国各地区、各类型儿童图书馆间方兴未艾。据了解,某市的一所区级儿童图书馆因苦于自身馆舍狭小(约三百平方米),一口气在基层学校、街道建立文献外借点近三十处,馆内书库里除去保存样本文献外,其他各类文献资料统统拿出来,投入了馆外借阅点中流通。凡到该馆参观者无不称赞说:"这个馆真可谓极尽潜力地开掘馆藏文献资源了!"

三、文献复制服务

"文献复制",指的是仿造、翻印、制作文献原件的工作。目前,儿童图书馆的文献复制服务开展得比较普遍,它对长期需要某些文献的读者(大多为从事儿童工作的人员或单位),是一种不可缺少的有益的服务方式。儿童图书馆的文献复制工作主要包括:静电复印、缩微照相和音像复录等内容。

为了提高儿童图书馆馆藏文献资料的利用率,一些儿童图书馆利用本馆的复制设备,按照某专题需要,集中复印大量文献中的有关内容,提供给需求单位和读者使用。例如大连市少年儿童图书馆,就利用静电复印设备,将有关幼儿教育专题的资料广泛收集,编制成《幼儿教育》小报,受到孩子家长、教师以及教育教学研究单位的交口称赞。他们说:"如果没有儿童图书馆的这项工作,散漫在那么多期刊、书籍、报纸里的优秀幼教材料,我们大概永远也见不到。"

以上,我们分析了儿童图书馆文献流通服务系统的工作内容。这里,需要我们特别注意的是,还有两项工作是始终贯穿于上述三项工作中的,它们是文献宣传与解答咨询工作。

文献宣传工作是一项引导性的工作。它通过对优秀馆藏文献的报道、展览、评介及组织报告会,把这些优秀的文献资料推荐给读者,从而开阔读者的视野,明确其选择文献的方向。由于本章第三节"阅读指导工作"中将具体涉及此项工作,故而在此从简介绍。

解答咨询工作即图书馆为读者解答问题,并针对其问题提供有关的学习、参考文献资料的一项工作。儿童图书馆的解答咨询工作随时性很强,它除了对成人读者的咨询与成人图书馆的过程一致外,对儿童读者的咨询就不能要求得那么正规、刻板了。此间,随时性与随意性是儿童读者咨询的最主要的特征,例如,在阅览一本书或在目录柜前检索,甚至在游戏时,儿童读者都会提出问题,要图书馆老师予以回答。所以,我们认为,儿童图书馆对儿童读者的咨询工作,应纳入到阅读辅导工作中并作为一项重要的工作内容,似乎更为妥帖。

总之,文献宣传和咨询工作是贯穿于文献流通工作诸环节的一项工作,应当全面、科学地展开。同时,它们还与儿童图书馆的阅读指导工作互相交叉、渗透,以至达到水乳交融的一体程度。

第三节　阅读指导工作

鉴于儿童图书馆的主要读者对象是正在成长时期的儿童,儿童图书馆为此承担着对他们的教育、培养任务,因此,阅读指导工作在儿童图书馆诸工作里自然占据着明显的重要地位。

一、儿童图书馆阅读指导工作的作用

(一)通过阅读指导工作,对广大少年儿童进行思想品德的教育

少年儿童在他们开始迈出认识世界、认识生活的第一步时,阅读便与之结下了不解之缘。阅读可以使孩子们一夜之间冲破几十平方米的家庭环境,漫游于神奇的大自然之中;也可以使孩子们瞬间离开父母、老师,随着书中的英雄人心去经风雨、见世面;更重要的是,阅读可以感染孩子们的心灵,激发他们对祖国、对人民的热爱,并由此逐渐树立起高尚的共产主义思想品德与情操。当然这是我们在孩子们阅读伊始之际,就抓紧对他们正确指导的结果。反之,如果缺乏了我们的正确阅读指导,其结局又会是怎样呢?请看下面我们列举的实例。某地区两名小读者在家长、教师都忽略对他们阅读指导的情况下,自己偷偷地读了大量诸如《三侠五义》、《十二金钱镖》和梁羽生、金庸等人的武侠小说,并逐渐被书中的侠盗剑客所吸引,于是废学出走;还有一些儿童,在好奇心的驱使下,被社会不法分子趁机拉拢,读了许多专门描写色情的淫秽

书刊而难于自拔,结果在其身心尚未发育完全,便胡乱结交异性朋友,甚至发生性关系。尤为令我们吃惊的是,有些少年儿童阅读中不良意识的产生并非是坏书影响所致,而是阅读了我们公认的优秀的读物中的不适宜的部分内容所造成的。例如《钢铁是怎样炼成的》,这是一部被我们视为青少年必读的好书。然而,就是这样一部激人奋进的优秀小说当它落入到单纯、幼稚的少年儿童的手里时,如果我们不能及时、正确的予以引导,有些孩子就会在好奇心的驱使下,专读保尔与冬妮亚幽会的情节,根本不理会全书的中心主题及它的宣传宗旨等主要问题。可见,不健康的读物能够把少年儿童推上邪路,而优秀读物中的有些内容也有可能对少年儿童的阅读活动产生副作用。至此,我们的阅读指导工作的思想教育意义与作用无庸细述也是很明显的了。目前,天津市、鞍山市和杭州市等少年儿童图书馆的阅读指导工作者,不仅承担起对正常读者的阅读指导工作,而且已将阅读指导工作的"触角"伸展到鲜为人注意的角落——少管所和工读学校中去。他们与少管所和工读学校的管教人员共同研究少年犯、工读生的犯罪心理与攻心的突破口,利用优秀、丰富的书刊资料对症下药,启发这些误入歧途的少年儿童的良知,收到了极好的社会效果。

(二)阅读指导工作可以引导孩子们热爱阅读、热爱图书馆

优秀的阅读指导工作必须由优秀的指导者(儿童图书馆的工作者)来完成。这些优秀的指导者被社会上称誉为儿童教育家和活动家。

阅读指导人员在引导广大少年儿童掌握阅读技巧和利用图书馆知识之前,他们自己首先应该是一位全面掌握阅读技巧和熟练地利用图书馆的人。只有这样,在其向孩子们传授这些知识时,方可随意地列举事例说明,把一切枯燥、死板的知识,讲得生动、活泼,富于情趣。也就是说,知识在他们手中应该是活生生的有"生命"的东西。

不言而喻,由具备上述素质的优秀阅读指导者组成的队伍,活跃在少年儿童图书馆中,阅读指导工作的第二项作用,便会毫无问题地全面地表现出来。

阅读指导工作是及时发掘、培养少年儿童各种人才的特殊渠道,这句话并非过誉。近年来,各地公共儿童图书馆和学校图书馆,为了有效地开展阅读指导工作,相继创建了诸如"文学社"、"求知社"、"小读者协会"以及《小读者》、《小葵花》报刊社等活动组织。这些组织在培养孩子们特长、爱好等方面起到了积极的、巨大的作用。例如,天津、无锡等地少年儿童图书馆的"少年儿童文学社"就是较突出的一例。这些文学社自创建至今,已先后吸收近千名对文学有浓厚兴趣的中小学生作为自己的社员。这些小社员在阅读指导老师的耐心引导和帮助下,潜心钻研阅读方法,努力扩大知识面,仅一年时间,就能够自己动手组办《小浪花》等读书报了。我国著名教育家孙敬修老爷爷、作家金近等都曾高兴地接受过《小浪花》报社小记者的采访。原天津市市长李瑞环同志在看到这份小报时十分兴奋,当即提笔为报纸题写了报头。此外,其他地区儿童图书馆举办的书画班、科技制作班等,也是从小培养书法、绘画、科技制作等方面人才的基地。这些经过儿童图书馆阅读指导工作发掘和培养的孩子们,相当一部分得到有关专业学校和专家们的承认,并获得了深造的机会。

(四)阅读指导能够纠正少年儿童不良的阅读习惯,拓宽知识领域,增长自学本领

大凡在儿童图书馆工作过的人都知道,儿童读者在其阅读时经常会出现"偏读"、"厌读"和"滥读"等不良习惯。为了使孩子们的阅读兴趣全面发展,对基础性的学科知识普遍接受,我们必须因势利导,扼制住孩子们的不良习惯,帮助他们树立正确的阅读目的,教会他们分析、鉴赏、综合阅读与检索文献资料的方法技能,以期达到摆脱旁人辅助完全独立地利用书刊资料和图书馆的目的。

综上所述,阅读指导工作确实是儿童图书馆的一项不可缺少的主要工作内容,我们应该把对它的研究放在儿童图书馆学研究的重点课题之列。

二、儿童图书馆阅读指导的主要内容

儿童图书馆的阅读指导内容包括哪些?

我们认为,它应当包括对广大儿童阅读兴趣的培养,阅读能力的培养以及认识利用文献资料、利用图书馆等方面的教育内容。其中的阅读兴趣与阅读能力的指导,系儿童阅读心理学的主要内容,故而在此从略不论。下面我们仅就认识、利用文献和图书馆二方面的阅读指导内容作较为详细的讲解。

(一)关于"认识、利用图书馆"的阅读指导内容

帮助与引导孩子们正确认识、利用图书馆并非是一件轻而易举的事情。实践告诉我们,大多数少年儿童在他们还没有接触图书馆之前,便已经在头脑当中形成了这样一个错误的认识,即"图书馆是借书的地方"。这种错误认识的形成多半是由家长甚至社会造成的。因此,我们要想把孩子们头脑中先入为主的、长时间保持的概念打破,重新建立起另一个正确、完整的认识来,就必须循序渐进,付出十分艰辛的努力,同时还应注意在进行图书馆知识方面的阅读指导时,内容要丰富、科学和富有趣味性,符合儿童读者的心理特点,使小读者能够承认并接受。

图书馆知识的阅读指导内容包括:

1.什么是图书馆? 图书馆是怎样出现与发展的?

2.图书馆工作的介绍。

3.图书馆规章制度的介绍。

4.如何利用图书馆的指导。

(二)关于"认识、利用文献资料"的阅读指导内容

关于"如何认识、利用文献资料"的阅读指导内容主要包括;

1. 文献资料的概要介绍。

2. 爱护文献资料的指导。

3. 怎样选择文献资料的指导。

4. 怎样利用文献资料的指导。

以上我们简要地介绍了"如何利用文献"、"如何利用图书馆"的阅读指导的大概内容。当然,这些内容只是各地儿童图书馆长期工作的经验与总结。它不是什么固定的条条框框,而是对我们今后工作的一种启发和继续发展的基础。无论其发展得多么丰富,但有一条原则却始终不能更改,那就是,我们的阅读指导内容绝不可以超越被指导者的接受能力。

第十章 儿童图书馆的科学管理

当今的世界,目标管理的科学方法,已被各行各业所广泛采用。日本的管理学家猿谷雅治所曾说:"目标管理能开发每个人的能力,培养精兵并能将精兵的力量集中到一起,还能迅速应付外界的变化,使动态组织的运用成为可能。"现代的儿童图书馆,以其特有的敏感和积极的态度接受了目标管理的方法,并注意与传统的管理方法相结合,从而形成了自己较为完整的管理体系。

第一节 儿童图书馆科学管理的概念对象与特点

自古以来,凡有人群活动的地方,就必须有管理。常言道:"没有规矩,无以成方圆。"这里的规矩即维持正常的生产、活动的管理手段。"科学管理"的理论,是近代社会进步的结晶。它于一九一一年诞生在美国工人出身的泰罗手中。在《科学管理原理》一书中,泰罗将科学管理的兴起视为是一场人类的智力革命。他说:"一切管理工作都应该采用科学的方法,其理论解决了管理者和生产者的工作效率问题。"由于泰罗对人类的这一贡献意义深远,因而被后人称为"科学管理之父"。

一、儿童图书馆科学管理的概念

儿童图书馆是一个人工的、开放的系统,将它的各项组织管理工作系统化,使之符合儿童图书馆的运动规律,并以最小的成本,最大限度地发挥出其各种资源的作用,这就是儿童图书馆的科学管理。

利用系统论的科学方法管理儿童图书馆的理论,并不是一朝一夕所成就的,它是在结合诸多管理理论和杰出思想流派的基础上逐年形成的。下面我们就对它的产生曾起过重大影响的几种理论,简要地介绍一下。

（一）管理过程学派

管理过程学派,指的是传统的或古典的管理理论。该学派认为:管理是一个通过分析管理者的能力,在智力上进行最佳分割的过程。他们重视传统的管理经验,并主张用它作为评价管理问题的标准。这种理论把管理视为一个执行任务的过程,而且是一个普遍的过程,其目的在于分析这个过程,为它建立一个框架,明确其原则并根据这些原则建立相应管理措施的一种理论。

（二）经验理论学派

经验理论学派理论的建立,是以对经验的研究为其基础的。该学派认为:无论成功的还是失败的经验都是十分有益的,因为于成功的经验中可以提炼出解决管理问题的良方;于失败的经验中可以吸取有价值的教训。故而善于总结、分析经验是管理的关键所在。

（三）行为学派

行为学派理论源于"人群关系论"。其创始人是澳籍美国学者埃尔顿·梅奥。该学派的理论强调了对管理的研究应该集中在人际关系上。它提倡为了一个目标而共同工作的人,应该互相体谅,互相了解。该学派认为,优秀的领导艺术,应表现能够锻炼其

189

被领导者的自我控制能力和逐步具备强烈的事业责任感,以便使被管理者自发地团结在一起,充分发挥主观能动性,去完成交给他们的任务。行为学派把工作成绩与动机激励的关系形容为:工作能力＝能力×行为动机。

（四）社会系统学派

社会系统学派是利用系统的方法,将图书馆看作是社会系统的一个组成部分。他们认为,管理是一个社会文化上相互联系的系统,他们把管理视为一个社会的制度和文化方面的职能,是社会产生了现代图书馆的总目标,为现代图书馆提供了资源和约束力,并评价其完善程度。

（五）决策理论学派

决策理论学派主张决策是管理的中心点,决策功能的优劣对管理结果起着重要的作用。因此,决策机构对备选方案的择优和评价过程,即管理的原则与实践的要点。

（六）数学学派

数学学派认为,管理理论实际为一系列数学模型和数学过程。数学和数学理论应该被视为管理的有力工具和思考的基础。

从对上述六种管理理论的简单介绍中,我们能够感受到,儿童图书馆的系统化管理理论是建立在这些理论学派之上的,它乃集诸家管理理论之大成者。

二、儿童图书馆科学管理的对象

据管理过程学派、经验主义学派、行为学派、社会系统学派及决策理论学派的观点来看,儿童图书馆科学管理的对象似乎很复杂,如有的人认为,管理对象是人、财、物三要素;有的人则认为是人、财、物、信息和时间五要素;此外还有人认为应扩大五要素为七要素,加上士气、方法等因素。我们认为,这种单纯地、生硬地把管理对象分解、割裂成若干个孤立的要素,机械地认识管理工作的思想,已与时代要求相违悖,难以有效地发挥出儿童图书馆系统的整体作用。

现代儿童图书馆科学管理理论,视其对象为下列四个动态因素的统一:

(一)现代儿童图书馆科学管理的对象,首先是被管理者控制的、不可分割的儿童图书馆整个系统;

(二)现代儿童图书馆科学管理的对象,其次是儿童图书馆系统中的各个组成部分;

(三)儿童图书馆系统的整体与其组成部分之间、各组成部分之间、整体及组成部分与其他相关事物之间的关系,亦必须是现代儿童图书馆科学管理的对象;

(四)儿童图书馆系统间整体及其组成部分的各种复杂关系是运动的、发展的、变化的,现代儿童图书馆科学管理对象自然不能忽视,所以也必须列入其对象之列。

根据现代儿童图书馆科学管理对象的类分情况,我们总结出,它的对象就是儿童图书馆系统及其相关因素。

三、儿童图书馆科学管理的特点及实质内容

通过分析儿童图书馆科学管理的对象,我们以为儿童图书馆科学管理具有以下特点:

第一,儿童图书馆的科学管理具有其系统整体与部分相结合、动态与静态(这是指儿童图书馆的经费和设备)相结合,但又以整体管理和动态管理为主的特点。由于它需要用整体的观点来管理各个组成部分,用运动的观点来管理静态的财和物。因此,儿童图书馆的科学管理实际上是整体的管理、动态的管理。

第二,现代儿童图书馆的科学管理工作具有管人,管物、管事相结合,但又以管人为主的特点。"管人"不是指我们管理读者,而是指管理图书馆的工作者。据我们调查,目前为数不少的儿童

图书馆在管理方面最令人感到头痛的即"管人"的工作。他们认为："人"是有思想的高级动物，其个体已经很不容易管理，而若干人组合在一起共同从事儿童图书馆工作，则相互间形成了更为复杂、交叉的关系，这就更增添了管理的难度。所以，有些管理者往往"避人就事"，只管事、管物，唯独不管人。其结果常常是辛苦一场后，儿童图书馆工作中的矛盾和问题仍然得不到解决，甚至愈发不可收拾。可见，儿童图书馆的科学管理工作首先要注重调动"人"的积极性和创造性，回避"管人"的工作，其实等于否定了科学管理的这个特点。

第三，现代儿童图书馆科学管理的最后一个特点，即在创造社会效益与经济效益中，二者必须兼顾，但经济效益应服从社会效益。近几年来，各类型儿童图书馆，特别是公共儿童图书馆纷纷搞起了"以文补文"的"创收"工作。其中部分儿童图书馆管理者由于未认识科学管理工作的这个特点，在面对创造社会效益与经济效益时，片面地追求"创收带来的经济效益"，为此，造成有些馆办成了补习学校、儿童用品商店、托儿所、加工厂等。这种错误的工作管理，从根本上改变了儿童图书馆的性质，抹煞了儿童图书馆系统独特的社会功能。

现在，我们分别讨论了儿童图书馆科学管理工作的三个特点后，是否可以这样简括地表述儿童图书馆科学管理的实质为：对以儿童图书馆工作者为核心的动态系统，实现最佳运动效益的整体控制。儿童图书馆科学管理的基本内容，我们概括为三个方面：（1）它的范围包括：儿童图书馆事业组织和儿童图书馆工作组织；（2）它的工作可划分为：行政管理、业务管理、设备管理、干部管理等等；（3）它的内容包括：决策、计划、组织管理、规章制度、统计、标准化及分工协调等。

第二节　儿童图书馆科学管理的基本原理与相应原则

所谓儿童图书馆科学管理的基本原理,即对儿童图书馆的管理实质及其运动规律的表述。所谓儿童图书馆科学管理的相应原则,即根据其科学管理的基本原理,而要求人们共同遵循的行为规范。因此,违背了儿童图书馆科学管理的基本原理,就是违背了这一事物的客观规律,违反了科学管理的相应原则,就会影响管理的成效。

儿童图书馆科学管理的基本原理,我们归纳为:系统原理、"人本"原理、动态原理、价值原理。

一、系统管理

在本教材第一章中,我们已经讲过,儿童图书馆或儿童图书馆事业都是一个系统。为了达到科学管理的目的,我们必须对儿童图书馆进行充分的系统分析,这是儿童图书馆科学管理的系统原理。一般来讲,系统分析包括下述几个方面:

(一)儿童图书馆系统的集合性

与其他各类事物的系统一样,儿童图书馆系统是由若干个要素(或称子系统)保持有机秩序、组织化了的整体。因此,它的构成具有一定的科学组合方式。虽然对图书馆系统的组成要素至今还未统一认识,但是根据我们已经总结出的实践经验认为,现代儿童图书馆应由三个子系统组合构成:(1)儿童图书馆内部工作子系统;(2)儿童图书馆读者服务子系统;(3)儿童图书馆后勤供应子系统。为了清楚地表示出儿童图书馆一级子系统及二级子系统的组成结构,下面用图来表示。

由图示可以看出,儿童图书馆系统的各组成要素(子系统),如果

```
                                    ┌─ 文献收集整理二级子系统
                    内部工作一 ──────┼─ 文献保藏二级子系统
                    级子系统         └─ 业务辅导与研究二级子系统

儿童图书                              ┌─ 文献流通服务二级子系统
馆系统  ─────────── 读者服务一 ──────┼─ 阅读指导二级子系统
                    级子系统         └─ 读者生活服务二级子系统

                                    ┌─ 财会二级子系统
                    后勤供应一 ──────┼─ 设备供应二级子系统
                    级子系统         ├─ 生活供应二级子系统
                                    └─ 人事保卫二级子系统
```

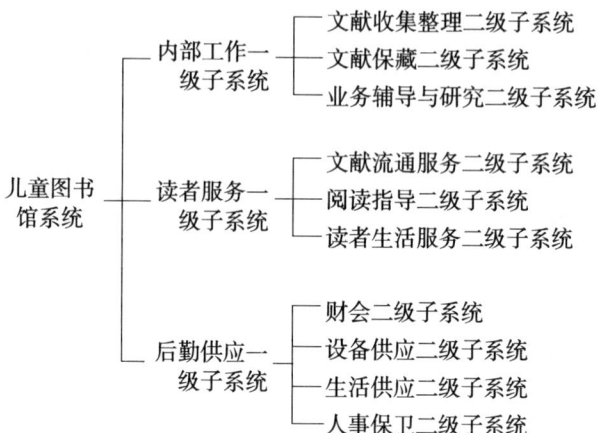

脱离开儿童图书馆单独地存在或是任意地拼凑在一起,都不可能取代或成为儿童图书馆。例如,某些馆在建馆初期设置它的子系统时,单纯从决策者主观意图出发,任意加减子系统。有的只设置采集和流通两部分,其他要素弃之不顾,结果很快便造成了基层无人辅导,问题无部门研究解决,后勤供应无处靠挂的局面致使工作运动处于空档状态;也有的馆出于中层干部安排之苦或一时的问题,轻易分割原本一个子系统的职能为二个以及多个子系统来担负,积日不多,这些子系统便因职能混乱交叉、矛盾重重而寸步难行。

前车之鉴告诫我们,有机地、按照一定组合秩序构成系统的各要素,是自然的、钢铁般的法则,没有人可以超越这个法则去创造出系统来。我们把儿童图书馆系统间各要素(子系统)这种纵向的、必具一定构合方式的性质,称之为"集合性"。

(二)儿童图书馆系统的关联性

所谓关联性,系指儿童图书馆各子系统间、各二级子系统间横向的、互为联系、互为制约的联系性质。这种性质,严格地要求着其所属各子系统的诸方表现,假若其中任何一个部分的属性与运动发生变化,就会直接影响其他部分以至系统整体。我们曾遇到过这样一个实例:某馆一度由于不能充分地理解图书馆与少年宫等社会单位基本属性的差异,在开展宣传辅导工作中片面强调活动的趣味性,而彻底摒弃了图书馆教育的内容。宣传辅导工作的这种错误发展,很快就涉及其他工作环节,以至工作人员思想混乱,基层单位与读者反应强烈,读者到馆率、文献资料利用率也因之迅速下降。当时,我们虽还不能用系统方法去认识和分析这种现象,可是却发现了儿童图书馆工作每个环节的连带关系与由于此种关系所造成的连锁式反应。

我们认为,从系统的观点来研究,儿童图书馆工作各环节的联系中的相互影响与反应,不仅仅限于对它关联性质的说明,更为重要的是,它还同时表现出集合性与关联性纵横交织、你我辅成本系统结构的关系。

根据儿童图书馆系统集合性和关联性的概念,我们考虑可以这样结论它们的关系:系统的集合性决定着关联性的存在,关联性保证并体现了集合性,它们不可或缺地共同构成了最原始的儿童图书馆系统。

(三)儿童图书馆系统的非加合性

我们前面讨论了儿童图书馆系统的集合和关联的特性。然而,这并不是说该系统的特性与功能就直接等于它各子系统的性质、功能的简单相加。事与愿违,儿童图书馆系统的特定功能和性质,正是它各子系统所不具备的。

例如,图书馆的采访部门如果脱离了图书馆这个整体,那么它既可能是哪一个出版社的,又可能是哪家书店、哪个商业中心或哪所科研单位的。再如辅导部,少年宫可以有,教育中心、文化馆、博物馆等单位都可以有。因此我们认为,在未构成儿童图书馆系统之前,儿童图书馆的整体性质、功能根本不可能体现出来,只有将这些组成部分按照儿童图书馆的工作规律严格地组合在一起时，才能产生该系统特定的、与其他系统截然不同的性质和功能。我们把儿童图书馆系统的此种特性，称为"非加合性"。

（四）儿童图书馆系统的适应性

大家知道，一个事物（即一个系统）能否在社会中生存发展，首先取决于它能否适应其存在环境，能否与其所处的环境不停顿地进行物质、能量和信息的交换。能者，生存发展；不能者，淘汰覆灭。这就是系统的适应性。

自然界中，像蝙蝠的回声定位、蟒蛇的纹章、植物的光合作用等等，都是它们为适应环境而必须具备的功能。但对于儿童图书馆系统，便不那么简单了，它指的是其有无协调各子系统，并使之完全服从社会需求的适应功能。

我们在这里所说的"社会需求"的含意，指的是社会需要儿童图书馆通过收集、整理、保存和传播健康有益的、儿童喜爱的文献资料，将少年儿童培养成为全面发展的社会主义建设人才。儿童图书馆为了适应社会的这种需求，就要不断地协调它自身的各子系统的工作，以满足社会需求的最高存在目的。但是，有那么一些儿童图书馆却偏偏违拗这种职能，借"以文养文"之口，把属于社会文化教育机构的儿童图书馆居然变成酒吧、舞厅甚至家具厂等经济、商业实体。当然，此类名存实亡的儿童图书馆系统，已谈不到什么适应性，它的生存价值也随着适应性的彻底破坏丧失殆尽。

（五）儿童图书馆系统的层次性

儿童图书馆系统的层次性，是一个"绝对"与"相对"的问题。从"绝对"的角度来讲，儿童图书馆本身就是一个系统，它具备特定功能和性质。但从"相对"的角度来讲，儿童图书馆只是更大系统的一个子系统或一个要素。譬如相对于"图书馆"系统，儿童图书馆、成人图书馆、高校图书馆等都只是这个大系统的若干子系统。如是推论，相对于"文化"系统，图书馆系统便又需居属于它的子系统了。因此,儿童图书馆的运动发展正确与否,既关系其自身的功能效益,也关系到相对它来讲更大系统的功利目的。

总括以上关于儿童图书馆系统的性质,我们认为:儿童图书馆系统的集合性,是它组成本系统的重要前提;关联性是它组成本系统的必然条件;非加合性是它组成本系统的客观体现;适应性是它组成本系统的基本保证;层次性则是它组成本系统的认识基础。儿童图书馆系统的这些性质决定了该系统运动的健康状态,任何孤立地、单纯地以局部代替整体的认识,终将会被实践证明是完全错误的。

系统原理是儿童图书馆科学管理最根本的总的原理、总的指导思想,其他原理,都必须遵循它或作为它的补充。

系统原理的相应原则是:

1. 整分合原则。

整分合原则的含意是:"整",指的是整体把握;"分",指的是科学分解;"合",指的是组织综合。"整"、"分"、"合"连接起来讲即:我们在充分把握儿童图书馆整体工作的前提下,将整体工作科学地分解开来,明确分工,制定具体工作(任务)的完成标准和责任制,然后再综合组织,统一管理。

整分合原则中最不容易做的是"分",而分解又是这原则的关键所在。儿童图书馆的全部工作,我们将它分解得正确,才可能分工合理,才可能目标明确与标准科学。有的儿童图书馆领导感到十分疲劳,真是"眼睛一睁,忙到熄灯",一天的时间里,大小会议他要开,大小事情他要过问,他有签不完的字,开不完的会,忙不完的繁杂事务。结果,这样的领导,肯定是什么都干了,什么都没干好;什么都管了,什么也管不住。究其原因,无外乎这个图书馆没有做好对工作的科学分解与合理的分工。然而,分工并非是万能的法宝,它也会给人们带来烦恼,例如,由分工而相应产生的"分家"现象就是很好的证明。目前,儿童图书馆各部室分工后所出现的"分家"现象是很严重的。因此,随着分工,管理者还必须进行强有力的、连续不断的综合组织管理,以求得各部室、各工作环节同步协调、互相联系的健康工作状态。这就是"有分有合,分而后合"的道理。

2.相对封闭原则。

儿童图书馆系统与各系统一样,其管理手段必须造成一个连续封闭的回路。不封闭的管理就像只有出口没有进口的建筑,毫无用处。所以,儿童图书馆的科学管理,既要设立决策机构和执行机构,同时也必须设立反馈机构。例如,我们搞的一个工作条例,下发执行过程中,它有哪些缺陷,存在哪些问题,我们都应该及时地得到反馈信息,以便修改。倘若没有一个反馈机构,我们得不到反馈信息,那么,这个条例的不足便会继续存在下去,问题所造成的"空子",就会被人趁机去钻,条例亦成为一纸空谈。所以,为了实现科学管理的相对封闭原则,我们应在儿童图书馆内设立"管理委员会"之类的监督、反馈机构。

二、"人本"原理

大家知道,任何管理活动都要由人去做,而任何管理的目标也要通过人来实现。"人本"原理,它暂借了"人本主义"的概念。"人本主义"是一种哲学思想,它以费尔巴哈为代表,主张以人作为一切社会活动的出发点,把人放在第一位。这种哲学思想,曾在当时反对唯心主义和宗教迷信方面起到过积极的作用。"人本"原理,则在此思想积极一面的基础上,要求儿童图书馆管理者在思想上真正明确:管理工作的根本,即要做好人的工作,那些"见物不见人"、"重技术不重人"、"靠权力不靠人"、"人多好办事"的传统管理思想,事实上是绝不可能做到科学管理的。

与"人本"原理相对应的原则是:

1.能级原则。

从物理学上讲,"能"是做功的本领。能量大的人,做工作的本领就大,这是一种常识。因此,将具有不同能量的人分成不同级别,赋予不同性质的工作,并制定出相应的工作标准和规范,使各类型的人在儿童图书馆里都能发挥出自己的才干与能量,这就是能级原则。

管理学家们曾用过这样一个比喻来说明科学管理的能级原则:举重比赛,要分出最轻量级、次轻量级、轻量级、重量级等各类运动员,分别竞赛,才能表现出运动员的准确成绩。假设这些运动员不分组,而是混在一起比赛,其结果肯定会乱成一团,不堪想象。由此可见,儿童图书馆管理的能级是不随某个人意志为转移的客观存在,我们要给予它充分的尊重,并努力地建立起一个合理的儿童图书馆能级结构来。

2. 动力原则。

这里讲的动力,不仅指儿童图书馆管理的能源,而且是指兼具的制约因素。不然的话,管理工作就会因缺乏动力制约,而陷入无序的运动状态。

儿童图书馆管理的基本动力有三类:

①物质动力:它包括奖金、奖品等各种物质奖励。这种动力要注意它的健康利用,否则就有可能出现"拜金主义"、"一切向钱看"、"没奖金不干活"等不良倾向。

②精神动力:它包括理想、精神奖励和日常的政治思想工作等。精神动力在今天我们儿童图书馆经费十分紧张的情况下,更该发挥出自身的特殊作用,同时,精神动力亦应与物质动力相结合,互补互成,作用则益发显著。

③信息动力:信息作为一种儿童图书馆管理的动力,有其超越物质、精神动力的独立性。儿童图书馆没有外界的信息交流,它就得不到发展,不发展的儿童图书馆就要被社会淘汰,儿童图书馆工作者,没有信息的交流活动,他们就会在思想上、业务上落后于时

代,最终也要被时代淘汰。所以,信息是儿童图书馆科学管理必不可少的一种动力。但是,信息的输入量需适当,"欲速不达,过犹不及",信息量的不足与过剩同样会造成儿童图书馆的管理失误。

在儿童图书馆进行科学管理的时候,上述三种动力往往综合运用。然而,随着管理目标的性质、时间、地点及环境的变化,三种动力的运用比重应该随之变化,切忌"同时并举"和"一视同仁"。

3.行为原则。

"行为"者,受思想支配而表现在外面的活动。行为原则要求儿童图书馆管理者对管理对象中的各类儿童图书馆工作者的行为,进行科学的分析和有效的管理。为此,儿童图书馆的管理有三点值得注意的问题:

A、要尽力解决图书馆工作者正当、合理的物质与精神两方面的客观需要。

B、务必使每个图书馆工作者有确定的、可以考核其业绩的责任与标准。

C、严肃、认真地对每个图书馆工作者的工作进行验收,毫不含糊地根据考核条件给予奖惩。

三、动态原理

动态原理是指儿童图书馆系统为一运动着的事物,无论其内部组成,还是外部联系,都在时刻地发展、变化着。所以,儿童图书馆的科学管理也应该是随时跟踪变化,进行自身的调整。

动态原理说明,儿童图书馆的管理者必须清楚地认识到,他的管理对象的客观发展、变化,决定着管理者的管理思想、方法的发展、变化,若我们仍用老一套的框子去刻板地管理,势必形成管理者与被管理者的不协调矛盾。

动态原理的相应原则是:

1.反馈原则。

反馈是控制论中的一个概念。它指是由控制系统把信息输送出去,然后又把其作用结果返送回来,并对信息的再输出发生影响,起到控制作用,以达到预定的目标。反馈原则的道理,前面我们已经讲过,此处不再重复。

2. 弹性原则。

弹性原则也可称之为伸缩性原则。其原因在于:首先,我们的科学管理是动态的管理,它遇到的问题往往是多个因素组成的,诸因素之间又存在着千丝万缕的、复杂的普遍联系,管理者在实际管理过程中,完全地做到明察秋毫、绝对客观,谈何容易;其次,管理者是图书馆的馆长,被管理者是图书馆职工,他们都是人,既是人就会有变化、僵化、呆板的管理方法,在其变化了的情况下必然一筹莫展。总之,弹性原则告诉我们,儿童图书馆的任何管理工作,都需留有充分的余地,具备一定的伸缩性。但这"余地"和"伸缩性"又决不等于遇事"留一手"或随波逐流,它的准确含意是"多一手"或者解释为遇事时全面考虑,同时准备多种应变方案。

四、效益原则

"效益",系指效果和利益。效益原理要求儿童图书馆管理者通过他的科学管理,使儿童图书馆既产生经济的,又产生社会的效益。相形之下,我们要强调的是,儿童图书馆的社会效益较之经济效益更须被管理者重视。

效益原理的相应原则是价值原则。

价值原则,即最合理地利用儿童图书馆的人力和经费,最大限度地发挥图书馆各种设备的能力,最优秀地建立起儿童文献资料的收藏、服务系统。简单地说,就是儿童图书馆花费最小的代价,取得最好的为读者服务的成绩。由此可见,儿童图书馆科学管理的价值原则所讲的"价值"与价值工程中的"价值"概念不完全相同。价值工程中的"价值",是指经济价值或经济收益,而儿童图书馆的科学管理的价值原则,却是经济价值和社会价值的统一,是更高意义上的价值概念,它既包括物力、财力的消费,也包括智力、时间的消费,是一种综合成本概念。

第三节　儿童图书馆科学管理的要求

儿童图书馆科学管理工作的基本要求是:管理工作规格化、工作组织合理化、业务工作计量化、工作人员专业化。本节内,我们将逐条分析、讨论这四条基本要求的内容。

一、管理工作规格化

管理工作规格化主要体现在管理规章条例化和业务工作标准化两方面。

（一）管理规章条例化

所谓管理规章条例化,就是要求各类型儿童图书馆建立、健全各种规章条例,以规章条例为其工作的准则。儿童图书馆规章条例,亦可称为规程,它大致有二:一种属于政府所制定的规章条例,是国家关于儿童图书馆事业的法令,如《南京市中小学图书馆工作条例》、《天津市市、区、县儿童图书馆工作条例》等;另一种属于儿童图书馆本身所规定的规章与细则,它规定了儿童图书馆本体的馆权与任务规程,是本单位的根本法则。

儿童图书馆本身的规章条例包括:

1.采访工作制度。它是儿童图书馆文献采访工作的标准、方法及细则。

①文献采购的标准和方法中应具备以下内容:

A、采购原则,B、收藏范围,C、采购计划,D、审批手续,E、复本标准,F、文献订购方法等。

②文献采访工作细则应分别具有以下内容：

A、采访工作的操作技术，B、采访工作的质量要求，C、采访工作的注意事项，例如，采访的调查研究、文献补充、文献交换、文献验收与加工、馆藏文献统计与注销等细则，都是采访工作必须的。

2. 编目工作制度。它是儿童图书馆文献编目工作的标准、方法及细则。

编目工作制度应具以下内容：

A、编目工作细则，B、文献分类规则，C、文献著录条例，D、目录组织规则等。

3. 借阅工作制度。它是儿童图书馆文献借阅工作的标准、方法及细则。一般情况下，它除了对儿童图书馆工作者明确接待读者、保护文献的标准，方法和规定服务范围，读者对象等，还要对读者提出文献借阅的要求与规定。

借阅工作制度应具以下内容：

①对儿童图书馆工作者：读者接待细则、文献保管细则、服务对象及范围规则等；

②对儿童图书馆读者：读者登记方法、读者领证方法、文献借阅规定、阅览室规定、文献复制规则、文献破损及丢失赔偿方法等。

4. 文献库管理规则。它是儿童图书馆文献资料保藏工作的标准、方法及细则。它包括对本馆文献库、基藏库、辅助库及特藏库的划分和管理。

文献管理规则应具以下内容：

A、文献资料排架法，B、文献出入库规定，C、藏书动态统计，D、出纳人员的岗位责任制，E、文献装修规定，F、文献剔旧规定，G、文献库安全制度，H、文献清点等。

5. 其他管理规则。为了加强儿童图书馆的科学管理工作，与上述四种规章制度相配合的还有财会工作条例、设备管理条例、其他各类岗位责任制、工作人员奖罚条例等。

（二）业务工作标准化

所谓业务工作标准，就是对儿童图书馆业务工作技术及设备等实行统一的、原则的规范。

图书馆的业务工作的标准内容十分丰富、繁杂，其类型可从使用范围和内容来进行划分。

1. 按使用范围划分，图书馆的业务工作标准分为：

①国际标准：它是经过国际标准化组织通过并适用于国际间的标准。如国际图书馆协会联合会编目委员会发表的《国际标准书目著录格式（ISBD）》，著录总则（ISBD〔G〕），专著著录规则（ISBD〔M〕），连续出版物著录规则（ISBD〔S〕）等等。

②区域性标准：它是经区域性标准化组织通过并适用于某一区域的标准。如《英美编目条例》（AACR）等。

③国家标准：它是经国家标准化组织批准并适用于一个国家的标准。如我国的《文献著录总则》（GB3792.1－83），《文献主题标准规则》（GB3860－83），《文献类型与文献载体代码》（GB3469－83）等。

④馆标准：它是经馆长或馆务会议批准，适用于一馆的标准。如天津市少年儿童图书馆采编工作标准，沈阳市少年儿童图书馆业务工作标准等。

令人遗憾的是，我国儿童图书馆工作的标准化问题至今尚未得到充分的重视。国家一级标准仍然空白，区域性标准亦属鲜见，只有馆级标准，但各自为政，有待于地区乃至国家逐步统一起来，使之统一规范化。

二、工作组织合理化

儿童图书馆的工作组织合理化，即指儿童图书馆要依据它的方针、任务和职能，结合自己的实际情况，把业务工作、行政事务工作有机地组织起来，施行科学管理。儿童图书馆的工作组织内容主要包括:各业务机构的设置、劳动组织、人员配备、工作计划的制定与规章制度的建立、经费的预算和使用,以及其他行政事务等等。

儿童图书馆的工作组织合理与否,是科学管理程度的重要表现。为了能够达到以最经济的人力换取最优的工作效益,我们就要努力地做到:

1.最大限度地节省人力,削减多余的工作层次和工作人员,科学地设置各业务机构(或环节);

2.既要科学地安排分工,又要抓紧各工作程序和各业务机构的联系与协作;

3.认真制定和落实岗位责任制,力求责、权、利分明,人尽其能,人尽其职,人尽其责。

不同类型的儿童图书馆,它的工作组织结构也不尽相同。从我国当前情况来看,一般的中小学图书馆和其他类型的小型儿童图书馆,因为工作对象、范围、职能及工作人员较少,所以,它们的组织结构比较简单,基本上按工作程序或工作环节来安排就可以了。大、中型的公共儿童图书馆则不然,它的工作对象众多,范围广泛,职能复杂等问题决定了它的组织结构的系统、严密和多层次性。大中型公共儿童图书馆在多年实践的基础上,逐步形成了一种宝塔形的组织结构(见下页图示)。

这里,我们简略地介绍一下儿童图书馆的业务组织结构及其工作任务。

儿童图书馆的业务工作组织,是由馆长、业务副馆长为领导层,各业务工作部门为执行层,业务办公室为中间的协调者而构成的。其中:采编部(组)系儿童图书馆完成采集、访求、加工整理文献资料工作的部门;典藏部(组)系儿童图书馆完成保存文献资料工作的部门;借阅部(组)系儿童图书馆完成文献流通、阅读指导、文献资料复制等工作的部门;研究辅导部(组)系儿童图书馆完成

馆　长

副馆长　　　　　副馆长

业务办公室　　　行政办公室

采编部　借阅部　典藏部　研究辅导部　财会科　保卫科　人事科　后勤处

采访组　分编组　外借组　阅览组　基本库　辅助库　研究组　辅导组

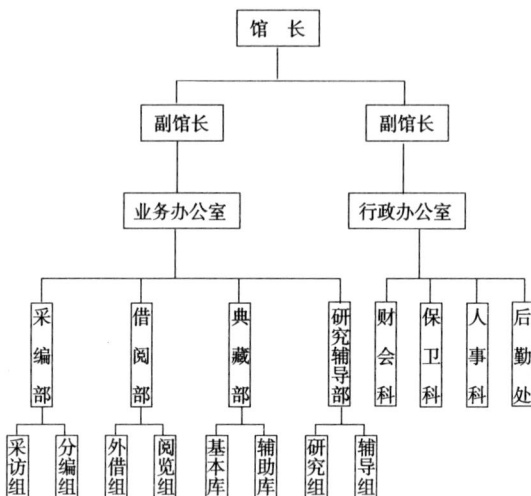

本系统基层业务辅导、组织馆网建设、开展学术研究等工作的部门;业务办公室系儿童图书馆完成各部组间业务协调工作的部门。这些各具特点和任务的业务工作部门,既各自保持其相对的独立性,又相互联系,结成一体。

　　当然,儿童图书馆业务部门的设置并非完全一致。它往往根据自己的工作需要和优势,或增加一些部门,如活动部专司馆内儿童读者阵地活动,特藏部专司珍贵儿童文献资料的保存等;或约减、合并一些部门,如阅览与典藏合并等。但从儿童图书馆工作的总体来讲,无论其增删,均不影响原来的工作质量总和与科学管理原则。

三、业务工作计量化

　　儿童图书馆的业务工作计量化,它是儿童图书馆通过建立完善的统计制度,对其工作的动态与成果进行科学的数据分析,从而为儿童图书馆的科学管理提供准确的参考依据。

　　(一)儿童图书馆业务工作计量化的作用

儿童图书馆业务工作计量化作用,主要体现在以下几个方面:

1. 它可以客观地反映儿童图书馆工作的基本情况。

传统的儿童图书馆工作情况反映,都是根据各部门或各工作环节的负责人,单凭其经验进行"估计"。这种仅凭人的感觉而估计出来的结果,经常因为感情关系、认识关系和主观主义思想的影响而不能准确。计量化的科学管理,排除了一切情感、认识、经验的作用,它依靠实实在在的"数字"来说话。例如:我们打算评估分类员的工作成绩,只需将他们的日分类量、月分类量及差错率统计上来,孰优孰劣便一目了然了。因此,计量化管理是可以客观地反映我们实际工作情况的。

2. 它可以为儿童图书馆管理者提供决策的依据。

今天,我们总是爱讲"最佳决策"这个词,讲来讲去,怎样决策才能最佳? 我们认为,用科学的统计方法计算出来的客观数据,首先是最佳决策的基础条件。譬如,在新建一所儿童图书馆之前,决策者就必须详细、认真地对新馆所在地区居住的儿童人数、年龄结构、知识结构等方面作一个全面的统计,尔后根据这个统计结果才能再去设计新馆的建设规模、馆藏文献数量和工作人员的配备。此间如果我们不进行上述必要的统计,只是依靠几位决策者闭塞耳目地"想当然"的设计,其结果肯定是,新建的儿童图书馆决不会适应该地区的需求。目前,许多城市公共儿童图书馆新建成后,效益并不明显,甚至形同虚设,其症结盖出于此。所以,无论大到决策一个地区的儿童图书馆事业发展,小到决策一个儿童图书馆内的工作计划,缺乏完整、准确的必要数据统计做依据,其决策就很难取得预期的良好成绩。

3. 它可以为儿童图书馆学研究提供科学的研究方法。

大家知道,图书馆学研究的定量分析,是建立在图书馆统计的基础之上的。著名的布拉德福定律、普赖斯指数等,都和图书馆的统计有着密切的联系,儿童图书馆学研究在这方面应该吸取普通图书馆学研究的经验,及时地在研究方法中引进定量分析方法,通过积累,分析大量的儿童图书馆统计资料,发现儿童图书馆运动的规律性,为儿童图书馆学研究的进一步发展做出贡献。

(二)统计的种类和方法

图书馆的统计种类较多,但无论哪种类型的图书馆,它们的基本统计一般都是:1.对馆藏文献的统计,它可反映图书馆馆藏数量、种类、类别和文种;2.对读者的统计,它可反映来馆读者的数量;3.对借阅工作的统计,它可反映读者利用馆藏的情况,4.分类的统计,它分别反映馆藏、读者、借阅的情况;5.专门的统计,它反映某一个特定目的的情况。

为了便于反映和保存以上各类型统计的结果,我们应该设计出相应的统计表格。

统计的方法分为二步:

第一步:根据统计表格的要求,全面系统地收集原始的工作数据资料,否则,就不能产生可靠的统计分析结果;

第二步:在收集原始工作数据资料的基础上,确定不同统计对象的不同计算单位(如册、种、类等),并按照统计表格的要求,认真逐项地填写,填写完毕还应进一步核实其填写的准确性。

总之,统计的过程是一个细致、精确的过程,没有严肃认真的工作态度,便会失去科学统计的意义。

(三)统计分析和几种主要的统计比率

统计分析,即我们根据一定的目的要求,对统计数字进行的比较分析和综合研究,从而掌握图书馆各种统计比率,如书刊流通率、读者到馆率、读者阅读率等等,这些比率都能够反映出图书馆工作的实际水平。我们掌握了图书馆工作的各类统计比率,就可以研究制定提高或降低它们的措施,以促进图书馆的存在效益。

图书馆的几种主要统计比率是:藏书利用率、书刊流通率、读者到馆率、读者阅读率、拒借率(拒绝率)等。

（1）藏书利用率：指馆藏中被读者借阅的数量占全部馆藏总数的百分比。

计算方法是：用一定时间内读者借阅的总册数除以馆藏总数。

即：$\dfrac{读者借阅总册数}{全馆藏书总数} \times 100\%$

（2）书刊流通率：指用于公开流通借阅的书库和阅览室的藏书被读者借阅的数量所占的百分比。

计算方法是：用某库、某室在一定时间内读者借阅的总册次除以该库、该室的藏书总数。

即：$\dfrac{某库、某室在一定时期内读者借阅总数}{某库、某室的藏书总数} \times 100\%$

（3）读者到馆率：指平均一个读者全年到馆的次数。计算方法是：全年到馆的读者人次除以读者的实际人数。

即：$\dfrac{全年到馆读者人次}{读者实际人数} \times 100\%$

（4）读者阅读率：指平均每个读者所借的书刊资料的数量。

计算方法是：全年书刊资料借阅册次除以实际借阅的读者人数。

即：$\dfrac{全年借阅的总册次}{读者实际借阅人数} \times 100\%$

（5）拒借率：指读者在图书馆未借到的书刊的数量占读者所要借的书刊总数的百分比。

计算方法是：将一定时间（如一天、一周或一月等）内读者未借到的书刊的总数除以读者所要借的书刊的总数。

即：$\dfrac{未借到的书刊资料的总册次}{读者所要借的书刊资料的总册数} \times 100\%$

图书馆的上述各种比率是衡量其实际业务水平和工作质量的重要标尺，因此是科学管理应特别着重加以研究的问题。

四、工作人员专业化

儿童图书馆工作人员专业化的问题,其实上就是儿童图书馆业务队伍的科学建设问题。儿童图书馆工作人员的专业化,主要表现在本专业基础知识和基本技能方面。

基本技能,是指儿童图书馆工作者在处理本职工作中业务能力的问题。它包括:文献的采集、加工整理能力,文献的保存、管理能力,开展读者工作的能力等等。很明显,儿童图书馆工作者的专业基本技能与其专业知识水平一脉相连,专业知识是专业技能获得的先决条件,我们要想具备良好的专业技能,就必须首先要具备良好的专业知识结构。

所谓知识结构,指的是我们队伍成员的知识丰富程度与专业知识专深程度的构成情况,它表现在纵、横两个方面,纵者系图书馆学知识的深度;横者,系多种知识面的广度。

1. 从纵的方面来讲,我们以为当前儿童图书馆队伍成员的专业知识深度与成人图书馆间存在一定的差距。它具体表现在,至今还只是停留在普通图书馆学的知识范畴内,而儿童图书馆学研究依然是散乱的、甚至是摹仿性的。随着我国近年来儿童图书馆事业的迅速发展,如果我们还一味地因循儿童图书馆学的研究旧制,仍不能在本系统中尽快建立起一支有组织、有计划、有相当科研能力的研究队伍,那么,并非将来,就是目前也无法再应付诸如儿童图书分类、编目、阅读指导、图书流通等堆积如山的问题了。这样讲似乎言过其实,但如果你到儿童图书馆身临其境地走一走,就会发现,这里的馆舍布局、部门设置、图书分类、目录反映,以至流通方式等几乎无一不与成人馆相似雷同,纵然有异,也不过是形式翻变一下而已。长久下去,我们儿童图书馆在这种亦走亦趋的理论指导下,怎能真正有效地吸引小读者并为他们提供优质服务呢?

2.从知识的广度来讲(即横的方面),我们以为亦难嘉评。姑且不论自然科学方面我们的同志是何等的生疏(大概能够熟练掌握中学数、理、化知识的同志很少),就论社会科学知识,我们也是很脆弱的。例如由于我们不懂得"儿童心理学",所以我们对孩子的阅读指导经常是枯涩的、祖师爷式的;我们极少涉猎"犯罪学",于是在我们利用图书对孩子们进行法制教育或为工读生、少年犯服务时,便缺乏有力的针对性。此外,在开展对孩子们的阅读指导时,我们的工作人员经常错字百出;在评论一本少儿读物时,我们的评论文章本身就站不住脚,孩子们说得正确的,有时被我们改错了,孩子们索求的社科范围内的图书,结果工作人员却到自然科学类目中去查找……凡此种种现象,都在严肃地警告我们:身为儿童师长不懂得"儿童心理学"、"教育学"或"儿童文学",不具备一个广博的知识结构,那会误人子弟、误我事业的。

然而,面临这些迫在眉睫的问题,有些儿童图书馆却仍一味强调"工学矛盾"不可调和的问题。他们宁肯因噎废食对工作人员颁布"禁学"令,也不愿下力量认真研究解决这对矛盾的方法;他们宁肯一些同志在完成工作计划后去闲谈顽笑,也不愿大家利用时间学习提高。殊不知,工作人员的"学"难成,其情绪产生波动甚至灰心怠惰,结果导致"工"亦难成的局面。

有些儿童图书馆在这方面成功的经验告诉我们,所谓的"工学矛盾"是人为制造的,它完全可以再通过人为的力量加以有效的克服。因为他们的决策者明白,合理的队伍结构要求我们做到:

(1)我们要具备较广博的知识面和较专深的儿童图书馆学知识。

(2)我们既要有一定的知识储备,又要随时输入新的儿童图书馆学知识,使广泛的知识面与儿童图书馆学知识达到统一的境地。

(3)我们既要看学历,更要重真才。需知,真正合理的知识结构往往不是单凭一纸证书就能说明问题的。

（4）我们要正确理解"专业"的含义。长期以来,我们儿童图书馆中有些同志认为,只有搞业务的人,才是我们的专业人员,才具备专业知识,这种认识显然是错误的。应当理解,儿童图书馆的政治思想工作、后勤服务工作等也有规律可循,而且需要一定知识和专业深度,是儿童图书馆全部工作内容绝难短缺的一部分。

第四节　儿童图书馆工作的科学评估

儿童图书馆工作的科学评估,系指为了加强儿童图书馆事业的科学管理,促进其整体工作的优化,而对各类型、各级别儿童图书馆的办馆条件、工作水平等做出科学的评价和估量。

一、开展科学评估工作的意义

1. 开展对儿童图书馆工作的科学评估,是发展儿童图书馆事业的需要。

大家知道,我国各系统、各类型的儿童图书馆虽然为数众多,但由于各地区的客观条件不一样,因而造成地区与地区之间、馆与馆之间建设水平与工作水平相差甚殊的状况。例如,我国辽宁,仅其一省现在就已建立八所独立的市级公共儿童图书馆,可是在我国辽阔的西北地区,至今却只有一所市级公共儿童图书馆;再有天津地区同样是区县级公共系统的儿童图书馆,有的馆舍面积多达一千三百平方米,有的却仅有三百平方米,然而就是这三百平方米"小"的儿童图书馆,藏书近十万册,可那一千三百平方米的"大"儿童图书馆藏书却只有一万余册。由此可见,我国的儿童图书馆事业尚缺乏统筹安排与科学的管理。迫于事业发展的需要,从现在起我们应该注意加强和改进工作水平与管理水平,同时,必须建立、健全一整套科学的管理制度,用以检查、指导、推动事业建设总体目标的实施。因此,建立儿童图书馆评估制度,制定出科学的评估指标体系,开展儿童图书馆评估活动,把儿童图书馆事业的总体目标与一个地区的实际情况相结合,定期对地区乃至全国的各系统、各类型儿童图书馆事业建设状况、工作水平进行评价、估量,不但能够起到促进儿童图书馆工作改革深化的作用,而且必然会加速儿童图书馆整体工作的优化。

2.开展对儿童图书馆工作的科学评估,可以客观地反映实际情况,提高各级政府主管部门对儿童图书馆工作的重视。

儿童图书馆的科学评估,以大量数据作依据,通过对一个地区内同类型的儿童图书馆的横向比较和必要的评估数据的分析,能够客观地反映出该地区儿童图书馆工作和儿童图书馆事业建设中存在的问题,同时,对地区与地区间的评估结果比较,又可以客观地反映出同类地区间此项工作的差距。因此,清清楚楚的横向比较结果,便会引起有关主管部门的震动和重视。辽宁省近年来开展的图书馆科学评估活动已充分说明,一次评估,不仅是评估了图书馆事业,更重要者,也等同于评估了这个地区的有关领导水平。

3.开展对儿童图书馆工作的科学评估,能够有力地促进儿童图书馆工作的优化。

如本书前面所讲,儿童图书馆工作的优劣,它的管理工作是其关键因素。我们所开展的科学评估,就是在充分考虑儿童图书馆系统内各要素环节间固有联系的基础上,根据工作现状和目标差距,区别各项工作目标优化次序,对儿童图书馆各项工作进行综合性的评价、估量。这样的评估结果,势必有点有面,点面结合;有环节有整体,环节整体综合反映。毫无疑问,它能够有力地促进儿童图书馆整体工作的优化。

二、评估工作方法

辽宁省公共图书馆的科学评估工作和天津市成人、儿童公共图书馆的科学评估实践,总结出我们搞儿童图书馆工作的一套经验。综观两地的经验,他们整个评估工作的开展,大体分为二个阶段:

1. 准备阶段。

在准备阶段中,我们应首先做好评估工作的理论准备。为此,在系统地学习好科学评估理论的基础上,我们要以正确的科学理论为指导,对本地区各系统、各类型、各级别儿童图书馆进行全面的调查研究,仔细分析其有关统计数据,并根据党和国家的图书馆工作方针、政策、法规和本地区图书馆的实际状况,制定出符合地区特点、条件的科学评估指标体系。一俟科学评估指标体系定案,便应及时召集评估工作会议,建立评估领导班子(评估委员会),确定评估方法、步骤。

2. 实行阶段。

在实行阶段中,我们要有一个统一的评估程序:①被评估馆需按评估指标体系内容,向评委会汇报工作,提供有关统计数据;②评估委员会按评估标准逐项检测被评估馆的工作,同时记录评估结果;③向被评估馆通报评估结果,指出不足,肯定成绩;④评估委员会进行民主评分,计算出被评估馆的总分值。

3. 分析阶段。

待本地区评估工作结束后,评估委员会应对评估结果进行综合分析研究,总结出本地区儿童图书馆工作的成绩和教训,进而从中找出规律性的和普遍性的问题,针对问题,提出解决方法和建议性的意见。

我们认为,儿童图书馆的科学评估工作在今天尚属幼稚,但是,只要我们坚持不懈地搞下去,以科学的态度继续深化其研究,它必将会为我国儿童图书馆整体工作的优化,为我国儿童图书馆事业的向前发展,做出巨大的贡献。

参考文献

《图书馆学基础》 北京大学、武汉大学图书馆学系合编 商务印书馆

《图书馆学概论》 吴慰慈、邵巍编著 书目文献出版社

《图书馆学基础》 （英）K. C.哈里森著 书目文献出版社

《图书馆学基础》 黄俊贵编著 湖南大学出版社

《目录学概论》 北京大学、武汉大学《目录学概论》编写组 中华书局

《新编图书馆目录》 黄俊贵、罗健雄编著 书目文献出版社

《法学概论》 刘升平等编著 甘肃人民出版社

《情报学概论》 严怡民主编 武汉大学出版社

《理论图书馆学教程》 南开大学图书馆学系 南开大学出版社

《刘国钧图书馆学论文选集》 刘国钧著 书目文献出版社

《杜定友图书馆学论文选集》 钱亚新、白国应编 书目文献出版社

《图书馆学研究方法——技术与阐述》 （美）查尔斯·H.布沙著 书目文献出版社

《文献著录总则概说》 黄俊贵 书目文献出版社

《图书分类》 北大图书馆学系 书目文献出版社

《图书馆藏书》 （苏）斯多利亚洛夫、阿列菲也娃著 书目文献出版社

《藏书建设与读者工作》 沈继武编著 武汉大学出版社

《实用编辑学》 阙道隆主编 中国书籍出版社

《大众传播模式论》 （英）丹尼斯·麦奎尔著 上海译文出版社

《科学与领导》 中国科协讲师团编辑出版

《列宁论图书馆事业》 文化部图书馆事业管理局编 书目文献出版社

《特殊儿童心理与教育》 郭为藩 台湾文景书局

《少儿阅读指导概论》　孟绂、张铁铮编著　儿童图书馆杂志编辑部

《日本儿童图书馆、中小学图书馆》　儿童图书馆杂志编辑部

《系统科学导论》　杨士尧　石河子农学院系统科学研究中心

《系统方法》　张卓民、康荣平编著　辽宁人民出版社

《现代图书馆管理》　（美）沃伦·B.希克斯、阿尔玛·M.蒂林合著　书目文
　献出版社

《儿童文学大全》　陈子典主编　广西人民出版社

《实用读书方法大宗》　江西大学历史系总支编印

《图书馆的组织与管理》　（苏）N.M.福鲁明著　书目文献出版社

《儿童图书馆与中小学图书馆》杂志 1979—1989 年

《中国文献学概要》　郑鹤声、郑鹤春编　上海书店

《图书馆系统分析概论》　陈源蒸、陈维新编著　书目文献出版社

《美国及世界其他地区图书馆事业》　华东师范大学图书馆学系编译　书目
　文献出版社

《图书馆自动化系统》　（美）斯蒂芬·R.萨蒙著　书目文献出版社

《科技文献检索》　赖茂生、徐克敏等编　北京大学出版社

《中国图书和图书馆史》　谢灼华主编　武汉大学出版社

《中国近现代图书馆事业大事记》　邹华享、施金炎编　湖南人民出版社

《文献学讲义》　王欣夫述　上海古籍出版社

《中国古典文献学》　吴枫著　齐鲁书社

《普通图书馆学》　（苏）O.C.丘巴梁著　书目文献出版社